글로벌 인천,
글로벌 코리아

부평사람 정유섭의 인천 사랑, 나라 발전 포부

글로벌 인천,
글로벌 코리아

정유섭 지음

iworkbook
아이워크북

추천의 글

염재호(고려대학교 행정학과 교수)

저는 오늘 우리 정유섭 대표가 오랜 공직 경험을 바탕으로 한국 사회의 발전 방향에 대해 자신의 소신을 솔직담백하게, 그리고 무엇보다 알기 쉬운 용어로 기록한 《글로벌 인천, 글로벌 코리아》를 발간하게 된 것을 누구보다 진심으로 축하하며, 추천의 글을 쓰게 된 것을 매우 기쁘게 생각합니다.

우리나라에 행정학이라는 학문 분야가 도입된 지 이미 반세기가 지났고 그동안 나온 이론서와 논문은 이루 헤아릴 수 없을 지경입니다. 그러나 저는 평소 행정학을 대학 강단에서 강의하는 선생으로서, 그리고 행정 현상을 연구하는 학자로서, 풍부한 행정 경험과 식견이 합리적이고 균형 잡힌 대안과 잘 어우러진 책은 의외로 많지 않다고 생각해왔습니다. 이는 대체로 고위 공직을 맡았던 분들이 퇴임 이후 거취를 결정하면서는 자신의 현장 경험을 버리거나 분명한 자기논리 없이 지나치게 기성 정치권의 흐름에 쉽게 편승하는 경향이 있기 때문이 아닌가 여겨집니다.

그런 차에 이번에 출간되는 정유섭 대표의 책은 저의 눈길을 끌어당기기에 충분한 것이었습니다.

그의 책은 모두 3부로 이뤄져 있습니다. 1부 '보다 살맛나는 대한민국'은 우리나라가 일등 선진국으로 발전하기 위해 지켜나가야 할 원칙을 설득력 있게 제시하고, 이를 위해 반드시 해결하고 넘어가야 할 사회 부조리 영역을 조목조목 지적하고 있습니다. 2부 '인천의 자부심으로'에는 중앙 정부와 지방 정부 간의 역할 분담, 업무 조정 등에 따르는 갈등의 합리적 해결 방안과 함께, 해양 분야 전문가로서 그의 관록과 비전이 오롯이 담겨 있습니다. 3부 '젊은이는 미래다'에는 앞으로 우리 사회를 짊어지고 나갈 젊은이들에 대해 거는 기대와 함께, 기성세대의 성취를 책임 있게 이어받을 후속세대로서의 우리나라 젊은이들에게 보내는 진심어린 충고가 담겨 있습니다.

행정학자로서 저에게 인상적인 대목은 대형 국책사업 등 이해갈등이 첨예하게 대립하는 분야에 고질적으로 나타나는 후진국형 행정편의주의, 관료주의, 정치논리에 대한 그의 끊임없는 문제의식과 도전의식입니다. 특히 정치 논리에 지나치게 매몰되어 효율성을 도외시했던 동남권 신공항 건설계획을 준열하게 비판하는 대목에 이르러서는 정 대표의 생각이 저의 생각과 똑같다는 생각에 무릎을 치기도 했습니다.

오늘날 우리 사회와 국가는 또 한번 기로에 서 있습니다. 크게 생각하고 책임 있게 행동하여 국가, 사회, 문화, 교육, 복지 수준을 한 차원 높이는 길로 가느냐, 아니면 자기만 앞세우고 목청만 높이는 구태를 반복하여 모처럼 잡은 도약의 기회를 날려버리는 길로 가느냐입니다. 타이태닉호에 빗대어 대한민국호의 장래를 걱정한 데 이르러서는 비장함까지 느껴지기도 합니다.

《글로벌 인천, 글로벌 코리아》는 '살맛나는 대한민국'을 지향하지만 결코 장밋빛 미래만을 보여주지 않습니다. 미혼모 문제에서부터 일반인의 휴식 문제에 이르기까지 우리가 미처 해결하지 못하는 문제들 하나하나에 섬세한 눈길을 보내고 있다는 점에서 저는 정유섭 대표의 책이 우리 사회의 질적 향상을 기대하는 모든 사람들에게 유익한 생각거리(food for thought)를 주고 있으며, 그렇기 때문에 우리 모두 한번쯤 읽고 넘어갈 충분한 가치가 있는 책이라고 생각하며, 이에 독자들에게 일독을 권하는 바입니다.

추천의 글

구창모(사업가, 가수)

　유섭이는 어렸을 적부터 초등학교도 같이 다니고 같이 뛰놀며 꿈을 키우던 죽마고우다. 나는 초등학교 때 음악을 배운 적이 있는데, 그때 처음으로 유섭이를 만나 친구가 되었다. 그 인연의 끈이 오늘날까지 이어져 그의 책에 추천의 글까지 쓰게 되었으니 나로서는 큰 보람이요 자랑이 아닐 수 없다.

　그러나 내가 그를 큰 보람으로 여기는 이유는, 좋은 대학을 나와 고시에 붙고 엘리트 코스를 밟아 남들의 선망을 한 몸에 받았던 유섭이를 내 가까운 친구로 두었다고 해서가 아니다. 남들의 선망이라면, 나도 받을 만큼 받아본 사람이다.

　아울러 내가 유섭이를 큰 자랑으로 여기는 것도 앞으로 그가 우리 동네 부평을 위해, 인천을 위해, 더 나아가 나라를 위해 뭔가 큰일을 해낼 사람이기 때문만은 아니다. 그가 큰일을 해낼 인물임을 확신하지만, 유섭이를 큰 보람, 자랑으로 여기는 건 겉으로만 보이는 것 때문만은 아니다.

2005년 부평동초등학교 동문체육대회에서 어릴 적 친구였던 가수 출신이자 사업가인 구창모와 함께.

　내가 유섭이를 큰 자랑으로 여기는 이유는 그의 품성이 좋아서이고, 그의 행동거지에 일관성이 있어서다. 한마디로 인간미가 있고 사람됨이 바른, 그래서 항상 만나면 편하고 믿음을 주는 사람이라서다.

　그의 말에는 우선 거짓이 없다. 싫으면 싫고 좋으면 좋다고 분명히 말한다. 둘째, 의리가 있다. 주변에 어려운 처지에 빠진 사람이 있으면 가능한 한 도우려고 하지 보고도 모르는 척, 듣고도 못 들은 척하지 않는다. 셋째, 남들 앞에서 잘난 체하지 않는다. 보통 출세하면 여럿이 모이는 모임에서 목소리 높이고 폼 잡고 싶어하기 마련이다. 나는 친구들과의 모임에서 모임이 파할 때까지 마이크 붙잡고 독점하는 유섭이는 결코 본 적이 없다. 유섭이는 전화 받을 때의 목소리나 술 한잔 할 때의 목소리나 한

결같으며, 조용하지만 힘차고 짧지만 정이 담겨 있다.

유섭이의 50년 지기로서 나는 그가 써놓은 많은 글에서 그런 품성, 그런 미덕이 의연히 살아 있음을 확인할 수 있어서 무엇보다 기쁘고 반가웠다. 유섭이를 함께 알고 있는 다른 많은 분들도 오래된 장맛과 같은 정유섭의 체취를 이 책을 통해 느껴보기를 권한다.

유섭이와 나 사이엔 서로 갈 길이 달라지게 되는 몇 번의 계기가 있었다. 초등학교를 졸업한 뒤 나는 서울로 갔고, 유섭이는 인천에 남았다. 유섭이나 나에게나 1978년은 특히 운명적인 해로서, 그해 나는 가수로 데뷔했고, 유섭이는 고시에 패스해 공무원의 길을 걷게 됐다.

유섭이를 만난 지 어언 50년을 헤아리건만 나는 이 책을 읽으며 유섭이의 많은 부분을 재발견했다. 특히 공인으로서, 공직자로서 나름대로 최선을 다해 살기 위해 어떤 노력을 기울여왔는가는 나에게 깊은 울림을 준다. 다른 분들도 함께 그런 울림을 들을 수 있으면 좋겠다.

들어가는 글

나는 상당히 오래전부터 우리 사회의 문제에 대한 생각을 각종 신문과 잡지에 기고해왔다. 국민들이 원하는 바를 정책 담당자들이 명확히 알고 대처해주기를 기대한 것이다. 하지만 정치인이나 정책 담당자들은 그때그때의 현상에 대한 대증요법으로 문제를 해결하려 했지 근본적 치유를 해주지 않고 문제를 키우기를 반복하기만 했다. 그래서 이제 방관자적 입장에서 벗어나 직접 참여하자는 생각을 품었기에 그동안 썼던 기고문을 모아 책으로 엮는다.

요즈음 희한하게 생각하는 일 중 하나가 지난 세대 동안 우리나라가 이룩한 성과를 폄하하는 사람들이 많아졌다는 것이다. 우리나라는 피원조국에서 원조국으로 변한 세계에서 유일한 나라고 도시국가를 제외하고는 피식민 지배국가에서 선진국으로 발돋움한 유일한 국가다. 그동안 많은 우여곡절이 있었지만 어려움을 극복하고 배고픔을 벗어나 선진 산업국가가 된 기적을 이룬 나라다.

물론 우리 사회에 아직도 고치고 해결해야 할 과제가 많다. 부의 양극화, 청년실업, 저출산 고령화, 영아 해외입양, 미흡한 사회복지 등. 그러나 이러한 문제들은 차근차근 해결해 나가야 할 문제지 우리의 지나온 과거를 부정할 만한 것들은 아니다. 지금까지 이룩한 성과의 토대 위에서 미흡한 것을 고치고 경쟁에서 뒤처진 사람들을 보호하고 지원해야 하는 것이 우리에게 남겨진 과제다.

나는 사회적 약자를 배려하기 위해 정치가 존재한다고 생각하는 사람이다. 약육강식의 정글 사회에서는 정치가 필요 없다. 경제적 자유를 주어야 할 계층에는 최소한의 제약 말고는 자유를 주어야 하고, 국가가 돌봐야 할 사람은 국가가 챙겨야 한다.

현대 정치에 좌우가 어디 있나. 무슨 정책이든 공과가 있고 장단점이 있게 마련이다. 이제는 보혁구도에 매몰되지 말고 보수와 진보의 장점을 취해서 나아가야 한다. 개중에는 자기 뜻에 맞지 않으면 아무것도 해서는 안 된다고 주장하는 사람들이 있으나 세상의 모든 일에 100% 모든 사람의 동의를 얻어서 할 수 있는 일은 없다는 게 내가 삶으로 체득한 원리다.

북한의 경우처럼 강압적인 독재정권은 예외지만 통상적인 국가에서 모든 사람을 설득해서 일을 추진하다간 아무것도 못 한다. 60%의 지지만 있어도 해야 할 때가 있고 옳은 길이라면 비난도 감수해야 할 때가 있다. 극단적인 저항도 소수의견이라면 뚫고가야 한다. 그리고 국민들이 가장 원하는 것에 초점을 맞추어야 한다.

나는 이 책에서 지난 수 년간 일어난 정치 사회 경제 문화 현상에 대해 내 눈으로 보고 느낀 것을 담담하게 풀어놓았다. 그중에는 과격한 내용도 있고 시중에 잘 알려지지 않은 내용도 있다. 읽는 분들이 결코 실망하지 않을 내용들이다. 한번 읽어봐주시기를 부탁드린다.

끝으로 이 책 발간과 관련하여 내용을 정리해준 KMI의 홍성걸, 박성준 박사와 아이워크북 출판사 관계자 여러분에게 감사의 마음을 전하고자 한다.

2012년 1월 부평에서

정유섭

'내려갈 때 보았네 올라갈 때 못 본 그 꽃'. 숨가쁘게 달렸고 힘차게 올랐다. 행정고시 합격 이후 국제노동기구 전문가로, 주미대사 1등서기관으로, 건설교통부 광역교통기획관으로 달렸다. 국립해양조사원장으로, 인천지방해양수산청장으로, 한국해운조합 이사장으로 뛰었다.

하지만 이제서야 보이는 것들도 많다. 내려가야 다시 올라갈 수 있는 산처럼 늘 새로운 도전을 준비해야 한다는 것. 항상 겸손한 산처럼 지나온 길을 다시 봐야 한다는 것.

나는 다시 도전한다.
내가 아닌 이웃과
동시대를 사는
가슴 따뜻한 사람들을 위해…….

차례

1부_ 보다 살맛나는 대한민국

1장_ 대단한 나라 대한민국

2장_ 보탤 건 보태고, 뺄 건 빼고

2부_ 인천의 자부심으로

3장_ 인천의 자부심으로

4장_ 글로벌 해양시대 주역을 꿈꾸다

3부_ 젊은이는 미래다

5장_ 젊은이는 미래다

6장_내게 소중한 것들

1부

보다 살맛나는
대한민국

1장
대단한 나라 대한민국

대단한 나라 대한민국

　요즈음은 정말 우리나라, 우리 국민이 대단함을 실감하며 산다. 경제, 문화예술, 스포츠, 과학 등 모든 분야에서 우리나라가 업그레이드되어 있음을 깨닫게 된다. 외국인들도 경이로운 시선으로 우리나라를 바라보고 있음을 느낀다. 외국에 나가서도 대한민국 국민인 것이 자랑스러운 시대, 그런 자랑스런 시대에 살고 있음을 행운으로 여기게 된다.

　그런데 아직도 대한민국 국민인 게 부끄럽다는 사람이 있다. 이러저러한 문제점을 탓하며 대한민국을 혐오하다 못 해 아예 저주하는 사람들도 종종 만나게 된다. 그 이유라는 것이 각양각색이다. 어떤 사람들은 과거 대한민국이 건국할 때 친일세력 청산을 제대로 못 했던 사실을 들먹인다. 또 다른 사람들은 우리가 외세에 빌붙어 나라를 발전시켰으며, 부자들만을 위하는 나라가 됐다고 비판하기도 한다. 그런데 참 이해하기 힘들다. 뭐가 그렇게 부끄럽고, 뭐가 그렇게 우리나라가 잘못되었다는 것일까.

지구상 어느 곳에도 완벽한 나라는 존재하지 않는다. 다만 전 국민의 행복을 위해 국가를 발전시키고 사회 수준을 향상시키려고 노력하는 나라는 많다. 우리나라는 어떤가. 시행착오는 분명 있지만 우리나라처럼 정치 사회 경제적으로 단시일 내에 일류 선진국으로 도약한 나라는 지구상에서 찾아보기 어렵다.

돌이켜보자. 오늘날이 있기까지 우리가 얼마나 비참하게 살았는가. 전후 피난살이에 떠돌고 외국 원조에 기대어 살고 베트남 파병의 대가로 경제 발전의 종잣돈을 어렵사리 마련하지 않았는가. 중동에서, 독일에서, 외항선에서 달러 한 푼을 벌어들이기 위해 우리 선배들은 또한 얼마나 고생했는가.

나는 1980년대에 독일의 한 장학재단이 후진국에 주는 장학금을 받고 해외 유학을 한 바 있다. 당시만 해도 우리는 후진국 취급을 받았다. 그 독일의 장학재단은 88서울올림픽 이후로는 우리나라에 장학금을 주지 않는다. 아마도 대한민국 사람으로서 그 재단의 장학금을 받은 것은 내가 거의 마지막이었을 것이다.

이젠 우리나라가 다른 나라에 장학금을 주지 않는가. 이젠 대한민국 정부가 공적개발원조(ODA)를 어떻게 제공할지를 두고 '행복한 고민'을 하고 있지 않은가. 우리를 부러워하고 대한민국 정부로부터 지원을 받기를 고대하는 수많은 개발도상국 국민들이 있다.

우리가 이룩한 성취 가운데 무엇보다 두드러진 것은 짧은 기간 내에 농경국가로부터 산업국가로 변모한 것이다. 우리나라는 엄청난 일류 산업국가다. 조선 1위, 반도체 1위, 핸드폰 1위, LED TV 수출 1위 등등. 어느 선진국도 우리처럼 이러한 첨단산업의 핵심 분야에서 세계 최고국의 지위를 유지하는 나라는 많지 않다. 어느 국민이 이런 나라를 만들 수 있나. 세계인들이 우리가 만든 자동차를 타고, 우리가 만든 TV를 보고, 우리가 만든 전화기를 사용하는 것을 언제부터 꿈꿀 수 있었는가. 경탄할 만한 일이다.

과거에는 선진국들만 하는 줄로 여겼던 스포츠 종목에서 요즘의 우리 젊은이들은 그 선진국 선수들 사이에서 두각을 나타내며 우리나라의 위상을 한껏 드높이고 있다. 아시아 출신 최초의 메이저 골프대회 우승자 양용은, 피겨 스케이팅의 김연아, 수영의 박태환 등. 우리가 가난했던 시절 우승은커녕 출전 그 자체도 꿈꿀 수 없었던 스포츠 종목에서 우리나라는 세계 챔피언을 줄줄이 배출하는 나라가 되었다.

물론 우리는 올림픽도 월드컵도 성공적으로 개최했다. 매번 2백 개국 가까이 출전하는 올림픽대회에서 이제 10강 안에 드는 것은 시쳇말로 '기본'이고, 월드컵축구대회에도 일곱 번 연속 진출하는 등 스포츠 부문에서 최선진국이 거두는 성과를 이루었다. 반면 이제는 가난한 사람의 운동이라는 권투 등 격투기 종목에는 거의 선수가 없어 올림픽에 출전하지 못하는 지경에까지 이르렀다. 우리나라만 한 크기에, 우리나라만 한 인구 규모로 대한민국 말고 이런 성과를 내는 나라가 과연 얼마나 있는가.

어떤 이는 우리의 외교 역량을 의심하기도 한다. 그러나 우리는 강대국을 설득해서 유엔사무총장을 만들어냈다. 수많은 사람들이 국제기구로 진출하고 있으며 세계 곳곳에서 희생적인 봉사활동을 펼치고 있다. 우리는 G20에 포함되어 의장 지위를 맡게 되었으며 한미 통화 스와프 협정을 체결하고, EU · 미국과 FTA를 체결하는 등 진취적인 외교 역량을 발휘하

고 있다. 이 정도면 우리의 개방성과 대외지향성을 충분히 보여준 것 아
닌가.

세계가 알아주는 조수미, 정명훈, 장한나, 사라 장(장영주) 등 뛰어난
음악가를 지속적으로 배출하고, '한류'라는 연예문화를 이끄는 천재들이
계속 나오는 나라. 기능올림픽을 열여섯 번이나 제패한 나라. 우리만의
문자인 한글을 소수민족에게 전해 자신의 언어를 보전할 수 있게 하는 나
라. 히말라야 14좌를 완등한 등반가가 남녀불문 나오는 나라. 타 국민의
도움이 아닌 자국민의 힘으로 민주화를 이룩하고, 평화적 정권교체 등
민주주의 제도를 발전시켜온 나라. 전 국민 의료보험이 시행되고 기초생
활이 보장되는 나라.

젊은 시절 나는 선진국을 보며 우리나라도 이런 제도를 시행했으면,
우리나라도 이런 시스템을 갖췄으면 하고 부러워했던 적이 있었다. 이제
우리나라는 내가 바라던 것들을 거의 다 구비한 나라가 되었다. 깨끗한
환경, 울창한 산림, 곳곳에 설치되는 문화 시설과 사회기반 시설 등 이
제 정말 서구 국가들이 부럽지 않다고 자신 있게 말할 수 있는 나라가 되
었다.

물론 우리가 당면한 과제는 아직도 산적해 있다. 말도 안 되는 대형 사
고가 심심치 않게 일어나 국민을 불안에 떨게 하고, 치솟는 사교육비에
하늘 높을 줄 모르는 집값, 그에 따른 양극화의 심화는 서민의 얼굴에 그
늘을 만든다. 그러나 이것만으로 우리가 이룩한 업적을 쉽게 폄하할 수
는 없다.

우리가 이룩한 자랑스러움의 바탕하에서 사회의 모순을 참을성 있게

차근차근 고쳐나가야 한다. 선진국처럼 되는 데 이제 몇 가지 남지 않았다. 반대편을 존중해주고 극단적인 투쟁은 자중하고 국민 모두가 선진국가의 일등국민다운 행동과 사고로 국가의 품격을 올려나가면 되는 것이다. 사회 지도층들이 노블레스 오블리주를 솔선하여 실천하고 사회적 약자를 배려한다면, 그리고 국민들이 공동체 질서를 파괴하는 것을 가장 혐오하고 이를 용납하지 않으면 우리나라는 그냥 '대단한 대한민국'이 아니라, '정말 자랑스럽고 대단한 대한민국'이 될 것이다.

2009. 9. 16. 해운스케치 CEO칼럼

제로 톨러런스

우리 사회는 느리지만 선진 사회로 차근차근 진입해가고 있다. 사회 모든 분야에서 적폐가 해소되고 투명하고 건전한 사회로 나아가고 있다. 그 과정에서 나타나는 어려움과 고통은 오늘도 계속되고 있으며, 앞으로도 많은 문제가 새롭게 튀어나오고 해결되면서 국민의 의식과 사회 제도에 변화를 가져올 것이다.

이제 우리 사회는 독재 정권이 판치는 사회가 아니고, 우리 시대는 권위주의 시대도 아니다. 누구든지 자기 주장을 자유롭고 당당하게 펼 수 있으며 민주적인 절차를 거친 정당한 주장이라면 그게 누구의 주장이든 들어줄 수 있는 사회가 되었다.

그런데도 많은 사람들이 자기 주장을 하면서 넘어서는 안 될 선을 함부로 넘는 경향이 있다. 이것이 아직 우리가 선진 사회로 인정받지 못하는 근본적인 이유다.

선진국 사회에는 '제로 톨러런스'(zero tolerance)라는 말이 있다. 그 사회의 규범으로서 누구에게든 절대 지켜져야 할 선이 있는데 그 선을 넘으면 가차없이 처벌하는 개념이다. 한마디로 '인정사정 없다'는 것이다. 몇 가지 사례를 들어보자.

미국에 이라크 전장에서 아들을 잃고 반전 운동가가 된 신디 시헨이라는 엄마가 있다. 그녀가 이곳저곳에서 '부시 반대' '이라크 전쟁 반대' 시위를 벌이는 장면을 뉴스를 통해서 우리는 보았다. 그녀가 백악관 앞에서 시위하다가 경찰이 그어놓은 선을 넘어서자 경찰은 그녀에게 바로 수갑을 채워서 연행해갔다.

우리라면 어떠했을까. '전쟁에서 아들을 잃은 엄마에게 어떻게 수갑을 채울 수 있느냐' '경찰은 인정머리도 없느냐. 해도 너무 한다'는 등 온갖 비난의 소리가 들끓었을 사안이다. 그런데 미국인들은 일단 선을 넘었으면 그에 상응하는 처벌을 받아야 마땅하다는 데 별 이의를 달지 않는다.

미국 근무 시절 목격한 일인데 한 한국 주재관의 고등학생 자녀가 학교에서 한국 후배들을 모아놓고 속된 말로 '엎드려 뻗쳐'를 시킨 뒤 야구 방망이로 엉덩이를 때리는 일이 벌어졌다. 미국에서 학교 폭력은 엄격히 금지된다. 당연히 이를 목격한 미국의 한 여학생이 경찰에 신고했고, 경찰이 도착하자 그 여학생은 교실로 들어가 조금 전 후배 학생들에게 기합을 준 문제의 한국 학생을 지목했으며, 경찰은 곧 그를 체포해 경찰서로 연행했다.

그 학생은 다행(?)스럽게도 피해를 본 한국 학생들이 '때린 것이 아니라 때리는 시늉만 했다'는 거짓말로 입을 맞춰준 뒤에야 간신히 유치장에서 풀려날 수 있었지만, 이때 받은 엄청난 충격으로 한동안 정신적 공황 상태에 시달려야 했다.

흉기로 사람을 때리는, 넘어서는 안 될 선을 넘은 탓이다. 미국 학교에서 한국 유학생들이 퇴학을 당해 졸업장을 제대로 받지 못하는 경우가 흔한데, 대부분 시험 커닝이나 리포트 표절 등으로 퇴교조치당한 것이다. 이렇게 퇴교되면 아이들 장래는 허공에 붕 뜰 수밖에 없으니 어찌 보면 징벌 수준이 상당히 가혹하다고 볼 수 있는데도 그들은 퇴교 조치를 한다. 커닝이나 표절은 학교 교육 현장에서 절대로 넘어서는 안 되는 선이기 때문이다.

요즈음 우리 사회에는 넘지 말아야 할 선을 넘는 경우가 너무나 많다. 이기적인 목적에서 불합리한 주장을 하는 사람은 말할 것도 없고, 사리사욕을 위해 공공 가치의 마지노선을 쉽게 넘는다. 그리고는 '사회운동', '노조활동'이라는 명목하에 명백한 범법행위를 저지른 데 대해서까지 면죄부를 요구하는 경우도 많다. 사정이 불리하면 무조건 떼를 쓰는 사람도 대부분은 넘어서는 안 되는 선을 넘게 된다.

그렇다면 어떤 대처 방법이 있을까. 내 경험 한 토막을 소개하겠다.

14년 전 나는 인천항만청 해무과장으로 근무했다. 그 무렵, 군산 앞바다에서 서해페리 사고라는 사망실종자 292명의 인명피해를 낸 대형 참사가 발생했다. 당시 사고의 한 중대한 원인은 정원 초과였다. 그럼에도 서해페리 사고 이후에도 여객선사들은 여전히 정원 초과로 운항하는 경우가 많았다. 아무리 지도 점검을 하고 경고를 해도 정원 초과의 악습은 반복되었다. 시범 케이스로 과다한 정원 초과를 한 여객선의 선장 면허를

취소하여 하선시켜버리고 여객선사에 법정 최고의 과징금을 물리고 나니까 그제서야 깜짝 놀랐는지 그 후로 정원 초과가 없어졌다.

결국 예외 없는 강력한 처벌, 특히 재산형을 내리는 것이 규칙을 어기는 사람에 대한 답이자, 이를 통해 선의의 피해자를 막는 처방이 아닐까 생각한다.

2008. 11. 6. 이코노믹 리뷰

문제의 근본을 생각하자

얼마 전 목이 아파 동네 이비인후과에 간 적이 있다. 의사에게 "피곤하면 목이 자주 붓는데 근본적인 원인을 알 수 없을까요?" 하고 물었더니 의사가 "근본적인 원인을 알고 싶으시면 큰 병원에 가셔야죠"라고 시큰둥하게 대답하고는 목에 뭘 칙칙 뿌려주고 이틀 치 약을 처방해주었다. 맞다. 그때그때 아프면 동네 병원에 가고 근본적인 치료는 큰 병원에 가는 것이.

국가나 사회가 당면한 문제를 해결하는 데도 대증요법과 근본치료 두 가지가 있다. 선동적인 정치꾼(politician)일수록 대증요법에 집착하고 정치가(statesman)일수록 근본적 치료를 고민한다.

요즈음 벌어지는 반값등록금 문제나 저축은행 사태 등을 보면 당장의 위기를 넘기려는 대증요법으로 문제를 해결하려는 것으로 보인다. 당장의 아픔을 완화시키는 대증요법은 일반 대중으로부터 인기를 얻기가 쉽지만 근본적 치료는 고통을 수반하고 어려워 대중의 인기를 얻기 힘들다. 그래서 많은 정치인들이 표를 얻기 쉬운 포퓰리즘 정책에 편향되기 쉽다. 하지만 포퓰리즘 정치인들은 국가와 사회를 망친 정치꾼으로 후세의 사람들로부터 냉혹한 평가를 받는다. 반면에 링컨, 처칠, 레이건 같은 이들은 문제의 근본을 해결하려 했기 때문에 나중에 후세들로부터 존경받는 정치가로 남았다.

반값등록금 문제를 보자. 반값등록금이나 무상의료 무상복지를 싫어할 사람이 누가 있나. 국가 재정이나 세금만 생각하지 않는다면. 여론 조사 결과도 그러하다. '반값등록금 찬성 그러나 국민 세금으로 하는 건 반대'라고. 어떤 사람은 TV토론에 나와서 4대강 사업을 하면 안 된다고 강변한다. 왜 4대강만 중단하나. 세종시도 중단하고 새만금도 중단하고 호남고속철도 중단하지. 4대강은 금년에 끝나는데 내년에는 또 뭘 중단해야 하나. 국가 예산을 뚝 잘라 대학등록금을 지원하면 당장의 문제야 해결된다지만 그게 근본적 해결인가.

대학 진학률이 82% 되도록 만든 예전의 정책 담당자들을 지금 비난해봐야 소용이 없다. 대학을 가게 만드는 사회제도와 분위기를 바꾸고 부실대학을 구조조정하고 저소득층 장학금을 확대하고 국가가 지원하는 직업교육·기술교육 기회를 확대하는 것이 근본적 처방일 텐데, 가능하지도 않는 반값등록금 논란을 언제까지 할 건지. 국민들에게 기회의 평등을 제공하고 선택은 스스로 하게 하면서 사회적 약자를 보호하는 국가 본연의 임무로 가야 한다.

국민들이 정치인들에게 바라는 것은 국가의 과제를 지엽적으로만 보고 그때그때 대충 해결해달라는 것이 아니다. 국가 경영의 큰 틀에서 문제를 보고 종합적인 관점에서 국가 장래를 생각해서 정책을 결정해달라는 것이다.

우리가 당면한 과제가 한두 가지인가. 국가경쟁력을 갉아먹는 저출산 고령화, 청년실업, 구조적 양극화, 가계부채, 늘어나는 국가채무, 고갈되는 공무원연금과 국민연금 등등. 어느 것 하나 쉬운 것이 없다. 그런데 반값등록금만 그리 급한가. 정치인이라면 국가 재원을 생각해야 하고 각종 복지 문제를 한꺼번에 묶어서 종합적이고 근본적으로 처방해야 한다. 그리고 젊은이들을 진정 생각한다면 무엇보다도 일자리를 창출할 수 있는 조치는 다 해줘야 한다.

국가 과제의 근본적 처방을 기대한다.

2011. 6. 29. 인천일보

좀 크게 생각하자, 싱크 빅!

요즈음 우리나라에서 일어나는 일을 보면 지역이기주의, 정파이기주의, 직역이기주의, 계층이기주의, 종교이기주의가 판을 치고 있다. 국가와 사회가 절단이 나건 문제가 생기건 나만 내 지역만 우리 편만 잘되면 된다는 생각이 팽배해 있다.

우리 모두가 같이 살고 있는 공동체가 속에서 곪아 가고 있는 줄도 모르고 공동체의 틀이 조금씩 금이 가고 있는 것도 모르고 자기 주장 자기 이익만 챙기려고 한다. 자기만 생각하다보니 다른 생각을 가진 사람을 배려하지 못하고, 자기 이익만 추구하다보니 소외받는 사람들의 불만이 극에 달해 있는 것을 돌아보지 않게 된다.

사회 현안을 볼 때 눈을 크게 뜨고 주위를 둘러보고 생각의 크기를 크게 할 수 없을까. 그리하여 우리 사회가 직면한 문제를 현명하고 모두에게 이익이 되는 방향으로 치유해낼 수는 없을까. 최근 한국 사회의 화두는 상생과 공정 사회다. 공정은 정당하지 않은 차별을 용인하지 않는 것이고 상생은 윈-윈-윈 하자는 것이다. 즉, 나에게도 좋고 상대방에게도 좋고 사회에도 좋아야 상생이다. 자기와 자기편만 바라보는 생각의 크기로는 절대 윈-윈-윈을 이룰 수 없다.

우리 사회의 양극화는 심화되고 있는데 대기업은 중소기업을 핍박하고 정규직은 비정규직을 차별하고, 각 지역은 자기 지역만 특별대우 받기를 원하고 남의 종교 무시하고 판검사와 금감원 직원은 전관예우를 즐긴다.

대기업이 이익률을 제고하기 위해 하도급업체의 고혈을 짜는 것이 어제 오늘의 일이 아니지만 지금처럼 중소 하청업체를 적자로 내몰아서는 중소기업 종사자는 한계임금을 받을 수밖에 없고 궁극적으로 중소기업은 다 없어지고 대기업만 남을 판이다. 하도급업체도 중소기업도 없는 토양에서 언제까지 대기업 혼자 독야청청할 수 있을까. 대기업이 중소기업과 동반성장해야 하고 초과 이익을 공유하자는 주장도 그러한 절박감에서 나온 것이다.

내가 중소 IT업체의 경영을 맡고 보니 제일 큰 애로사항이 3~4년 된 중견 인력을 삼성, LG, SK 같은 대기업에서 빼가는 것이다. 대기업은 참 쉽다.

정규직이 자신이 퇴직하면 자기 자식을 채용하라는 주장을 하면서 편법적 재벌 세습을 비난하는 것은 이중적인 태도로 당장 눈앞의 이익만 보는 것이고 저소득층과 비정규직의 피눈물을 도외시하는 것이다. 부당하게 차별받는다는 사람이 많아질수록 불만을 갖는 사람들이 많아져 사회는 불안하게 될 것이다.

근로자의 절반에 이르는 비정규직 문제나 소외된 사람들에 대한 문제는 사회 안정성의 측면에서 접근할 수밖에 없다. 대형 SSM의 동네 상권 진입을 막으려는 것도 공동체의 삶을 보전해주어야 하기 때문이다.

과학비지니스 벨트를 무조건 자기 지역에 유치하지 않으면 가만두지 않겠다고 위협하는 행태나, 우리보다 큰 영국도 프랑스도 독일도 하나밖에 없는 허브 공항을 동남권에 만들어주지 않는다고 떼를 쓰는 것은 국가적으로 절대 윈-윈-윈이 아니다. 조그만 국토를 갖고 있는 무역국가인 우리가 경제 영토와 무역 영토를 넓혀 국민 모두가 혜택을 보자는 FTA를 정권 반대 차원에서 반대하는 것은 정파적 이기주의로밖에 볼 수 없다.

우리나라가 지난 세월 달성한 정치적 · 사회적 · 문화적 성취는 세계 현대사의 기적이고 글로벌 성공 모델이다. 그러나 더 큰 대한민국이 되어 국격이 있는 선진국으로 가자면 이기주의적 사고에서 벗어나 사회 전체를 관망하면서 크게 생각해야 한다. 워렌 버핏이나 빌 게이츠는 사회가 자신들을 부자로 만들어주었다고 하면서 많은 재산을 사회에 환원해 불우한 이웃을 돕고 있다. 우리의 재벌도 국가가 사회가 국민이 그들을 재벌로 만들어주었다.

고개를 들어 하늘을 보면서 모든 이기주의에서 벗어나자.

2011. 5. 12. 인천일보

시장경제원리가
만병통치는 아니다

얼마 전 수도권에 엄청난 폭우가 쏟아져서 많은 인명이 희생되었으며 1만 대 이상에 이르는 차량이 침수 피해를 입었다. 그런데 차량 침수로 뜻하지 않게 밀려드는 일감으로 늦게까지 일하는 일터가 있다. 바로 차량정비업소다. 평소 일감이 없어 레커차에 돈을 집어주던 그들은 가끔 수해가 나기를 기다릴 법도 하다. 실로 오랜만에 차량정비업계가 을의 입장에서 갑의 입장으로 바뀌어 호황을 누리나 그 기간은 길어야 한두 달이고 다시 을의 입장으로 돌아갈 것이다.

정비업계의 갑은 손해보험회사다. 손해보험사는 10개 미만이고 대부분 재벌그룹 계열사다. 반면에 정비업체는 2천 개가 넘는다. 손해보험사는 맘에 들지 않는 정비업소를 마음대로 바꿀 수 있지만 정비업소는 손해보험사에 매달릴 수밖에 없다. 갑의 입장인 손해보험회사가 최소의 이윤도 보장해주지 않으니 약자인 정비업계는 연합회를 구성해 정치권과 정부에 적정이윤을 보장해달라고 떼를 쓴다.

6년 전 건설교통부와 국회는 정비업체의 입장을 고려해 적정 이윤이 보장될 수 있도록 정부가 나서야 한다고 보았다. 그러나 재정경제부나 금융위는 시장경제 원리에 반한다고 끝까지 반대했다. 적정 이윤을 보장해주면 그만큼 자동차 보험료가 올라 물가 상승 요인이 되고 국민들의 부담이 증가하므로 무조건 시장논리를 적용해 시장에서 살아남지 못하는 정비업소는 도태되어야 한다는 것이었다.

당시 손보업계가 강자의 위치를 내세워 10년 이상을 시간당 공임을 올려주지 않은 것이 부당하다고 보아 결국 정부가 양자 협상을 중재하여 일주일간의 협상 끝에 25%정도 인상해준 적이 있다. 하지만 최근에도 시간당 공임을 둘러싼 양 업계의 마찰이 또다시 불거지고 있어 참 해결하기 어려운 숙제다.

이번 주 벌어지고 있는 낙농업계와 유가공업계의 충돌도 마찬가지다. 유가공업계가 적정이윤을 보장해주지 않으니 중소 목장주들은 우유를 아예 길바닥에 쏟아버리는 한이 있더라도 납품을 거부하겠다고 나선다. 한편 유가공업계는 그러면 유제품 가격을 올려야 하니 받아들일 수 없다는 입장이고 물가 당국은 물가에 미치는 영향만 걱정한다. 결국 협상은 타결되겠지만 경제원론을 추종하는 사람들의 주장대로 모든 것을 시장에만 맡길 수 없는 것이 현실이다.

시장경제의 원리라는 것이 갑을 관계 없이 힘의 균형이 이루어져 모두가 보이지 않는 손에 의해 인도될 때 작동하는 것이지, 어느 한쪽이 일방적으로 강하면 시장은 실패하고 약자는 견뎌낼 수가 없다.

화물연대의 경우를 보면 1인 1차주 자영업자로 단합하기 어려운 약자들이고 그 수가 수요에 비해 너무 많다보니 화주로부터 운송요금을 적정하게 받기가 어렵다. 시장경제의 원리만 따른다면 화물연대의 1인 차주들은 생활비를 벌기도 어렵고 그래서 매년 집단행동을 하여 사회를 어지럽힐 것이다.

시장경제의 원리를 금과옥조처럼 따라야 한다고 하는 사람들은 우리 사회에서 이미 강자의 위치에 있는 사람들이다. 하지만 상대방과 대등한 위치에 설 수 없는 사람들은 보호를 필요로 한다. 대기업이 중소기업의 영역을 침범하지 못하도록 하고 원청업체의 하청 범위를 제한하고 근로자의 최저임금을 정하고 SSM으로부터 동네 상권을 보호하려는 것 등은 궁극적으로 시장 전체의 안녕과 질서를 위한 것이다.

정글의 법칙에서처럼 강자가 모든 걸 차지하게 할 수 없는 것이 우리 공동체다. 그나마 요즈음 대기업들이 상생과 공정의 정신을 깨달아 가는 것 같아 다행이다.

2011. 8. 16. 인천일보

군필자 가산점제, 정의에 맞다

국방부에서 금년 상반기 중에 공무에 종사하려는 군필자에 대한 가산점제를 부활하겠다고 하자 이에 대한 찬반 논쟁이 가열되고 있다. 또 한 켠에서는 MC 몽이 생니를 뽑아 군대 면제를 받고 유명 탤런트 현빈이 해병대를 지원했다고 해서 화제가 되고 있다. 이러한 현상은 우리나라가 국민개병제 국가이기 때문에 발생하는 것이며 헌법상 의무인 병역 문제는 공정 사회를 가르는 중요한 잣대가 되고 있다.

마이클 샌델 교수의 저서 《정의란 무엇인가》에 따르면 미국의 남북전쟁 당시 링컨 대통령이 징병제를 도입했는데 징집을 원치 않으면 대리인을 고용해 대신 복무할 수 있게 해주었다고 한다. 그래서 최대 1,500달러를 주고 대리 복무케 한 사람 중에 앤드류 카네기, J. P. 모건, 시어도어 루즈벨트 대통령의 아버지, 프랭클린 루즈벨트의 아버지, 훗날 대통령이 된 글로버 클리블랜드 등이 있었다고 한다. 그 후 이 제도는 정의롭지 못한 계급차별로 여겨져 폐지되었지만 해당자들은 합법적인 방법으로 병역 의무를 이행했다고 보았다.

우리나라도 과거 합법적인 방법으로 병역 면제를 받은 사람들이 많지만 군복무를 필한 사람들이 공정치 못하고 정의롭지 못하다고 보는 것들이 있다면 고쳐져야 한다. 80년대 초 석사 학위 소지자는 단기 훈련만 받고 장교로 전역하는 제도가 있었는데 이는 대학원을 다닐 수 없는 보통 사람들에게 엄청난 차별이었고 실제 그 혜택을 받은 사람들이 대통령 아들, 재벌 자제를 비롯한 특수층이었기 때문에 폐지될 수밖에 없는 어처구니없는 제도였다.

우리나라에서 병역 문제는 노블리스 오블리주 논란에서 가장 자유롭지 못한 사안이다. 상당수의 사회 지도층, 국회의원, 장관급 들이 보통 사람의 병역 면제율보다 높다보니 병역의 신뢰성 및 공정성에 의문을 가지게 한다.

1970년대에 병역 의무를 이행한 사람의 경험을 애기하자면, 민간의학적인 방법으로 군대를 면제받았다는 사람도 들어봤고 신검 때 20만 원 주면 군대를 빼주겠다는 제안도 받아봤다. 특히 고시 공부하는 사람 입장에서는 그것은 물리칠 수 없는 유혹이었다. 그래서 그 당시 특히 고시 합격자 중에 군대를 다녀오지 않은 사람들은 의심의 눈초리를 피할 수 없는 것이 사실이다. 군을 면제받고 예비군 훈련까지 면제받았으니 그것이 얼마나 이익인가. 젊은 시절의 3년이 아깝지 않은 사람이 어디 있나. 되도록 국민의 대표나 공직의 최고 직위에 군필자를 고려해야 하는 이유가 여기에 있다.

문민정부 초기 대통령직 인수위원회에 있었던 선배가 인천에 와서 인

육군 3시단에서의 군 복무 시절. 힘들었지만 자랑스러웠던 내 청춘의 한때였다.

천지역 서기관 이상 선후배들을 모아놓고 한잔하면서 "당신들처럼 군부 정권을 위해 일한 사람들은 새 시대에 필요 없다"라고 해서 반론을 제기 한 적이 있다.

"선배님 군대 다녀오셨습니까?"

"민주화 운동 감옥으로 때웠다."

"갑근세는 내셨습니까?"

"민주화 운동 하느라고 직장을 가질 수 없었다."

"그러면 새로운 시대는 대한민국 헌법상 의무인 국방의 의무, 근로의 의무, 납세의 의무를 이행 안 한 사람들만 필요하겠네요. 그게 정상적 국가 입니까?"

내가 당시 반론을 제기한 가장 큰 이유는 그 선배가 군에 안 간 것을 자랑스러워했기 때문이다. 민주화 운동을 하고 감옥에서 고초를 겪은 사람들을 폄훼하려는 것이 아니다. 다만, 국가의 부름을 받고 정당하게 군에 다녀온 사람들을 폄훼하지 말고 지금도 최전선에서 국가와 국민을 지키기 위해 제복을 입고 있는 사람들이 그만한 대우를 받아야 한다는 점을 강조하려는 것이다.

국방은 국가의 가장 기본적인 책무이기 때문에 군 복무를 하면 자랑스럽고 그렇지 못하면 부끄러운 세상이 되어야 한다. 그런 점에서 병역 면제 대상은 최소화하고 병역 근무가 어려운 젊은이는 다른 분야에서 사회 공헌 활동에 종사할 수 있도록 하는 것이 공정 사회에 맞을 것이다.

군필자에게 공무 담당 시 최소한의 가산점을 주는 것이 국가가 줄 수 있는 작은 혜택이라면 그 정도는 용인해야 보호받는 우리 국민이 떳떳하다고 생각한다.

2011. 1. 20. 인천일보

정치논리가 허브공항 '요술방망이' 인가

오는 3월 30일 동남권 신공항 후보지가 결정될 모양이다. 요즈음 영남지방에 가보면 동남권 신공항 쟁탈전이 치열하다. 부산 출장차 김해공항에 가보면 신공항 후보지로 가덕도 앞 해상이 최적지라고 플래카드로 도배질을 해놓았고, 경남 대구 경북지역에서는 밀양이 아니면 안 된다고 삭발식 등 각종 결의대회를 하고 있다.

영남에서 지역 의견과 다른 소리로 소신발언 했다가는 여론의 몰매를 맞기 십상이다. 그러니 여당 내에서도 지역이기주의에 따라 자기 지역만 대변하고 야당도 여론의 눈치 보느라 아무 의견도 내놓지 못하고 있다.

우리는 그동안 상당수 국책 사업이 경제성이나 효율성은 차치하고 정치 논리로 결정되는 경우를 많이 보아왔다. 그러면 동남권 신공항도 또 한번 정치적으로 결정하여 또 다른 후회를 남기려 하는가.

영남지역에서는 그 지역 발전을 위해 신공항이 필요하다고 한다. 그러나 상식적으로 생각해보자. 우리나라 규모에 국제적인 허브공항이 두 개나 필요한가. 국토 넓이는 십만 제곱킬로미터도 못 되고 모든 지역이 네다섯 시간이면 도달할 정도로 편리한 교통 구조를 갖고 있는 국가에서 세계적 허브공항을 두 개 갖겠다는 게 아귀가 맞는지 의문이다.

우리나라보다 국토 면적이 조금 크고 우리나라보다 인구가 조금 많은 국가의 예를 들어보자. 모든 나라가 한 개의 공항을 대표적인 허브공항으로 내세우고 다른 공항들은 스포크 공항의 역할만을 수행하고 있다.

영국의 히드로 공항, 프랑스의 샤를 드골 공항, 독일의 프랑크푸르트 공항, 이태리의 레오나르도 다빈치 공항 등 허브 공항은 한 곳뿐이다. 그들보다 면적도 작은 나라에서 10조 원을 들여 또 하나의 허브공항을 짓겠다는 것은 과욕이고 국제적인 웃음거리가 되는 또 하나의 예산 낭비 사례가 될 것이다.

현재의 김해공항은 낙동강 변에 위치하고 있고 여유 부지도 있어 이를 확장하면 스포크 공항의 역할을 하는 데 아무 지장이 없고 기존 수요나 장래의 수요를 충족하는 데 아무런 문제가 없다. 그러므로 지역 균형발전이란 미명하에 내부의 힘을 소모하지 말고 인천공항의 경쟁력을 더욱더 강화해 세계적인 허브공항으로서의 입지를 확고히 굳히는 것이 국가 전략상 가장 유리한 카드라는 것을 알아야 한다.

과거 우리는 국제 정기 컨테이너 항로에서 오직 부산항만이 모든 여건을 고려할 때 최적의 허브항만임에도 불구하고, 투 포트 시스템을 채택하여 남해안에 또 하나의 허브항만인 광양항을 건설하는 기형적인 구조를 만듦으로서, 두 항만의 경쟁력을 떨어뜨리고 광양항의 시설 과잉이라는 잘못된 결과를 낳고 말았다. 항만에서 교훈을 얻지 못한 채 공항에서 또 똑 같은 우를 범해서는 안 된다.

지역 균형발전은 해야 하고 꼭 필요하다. 발전이 지체된 지역을 유리하게 해주는 전략이나 대안은 많이 있을 것이다. 그러나 국가의 경쟁력을 깎아먹어서는 곤란하고 국가의 재원이 지나치게 낭비되어서도 곤란하다.

지금은 지난 이야기지만 세종시와 혁신도시의 문제도 여기에 있었다. 최적의 용도로 사용되던 기존의 시설들은 반유휴시설로 만들어버리고 천문학적인 국가 부채를 잉태하고 LH공사를 부실화시키면서까지 대통령과 총리를 인위적으로 다른 도시에서 근무케 하는 전 세계 유래 없는 비효율을 만들어냈기 때문이다.

국가의 재원이 필요한 곳은 많이 있다. 나는 개인적으로 선진국화되어가는 우리나라에서 가장 뒤떨어진 것이 서민 주거시설이라고 생각한다. 유럽 선진국처럼 국가 및 공공 소유 임대주택이 전체 주택의 20% 내지 30%까지는 되지 못하더라도 지금의 5%를 10% 이상으로 늘리려면 하지 않아도 되는 동남권 신공항을 건설해 10조 원을 낭비할 필요는 없지 않은가.

2011. 2. 27.

이 나라에 영·호남 출신만 있나

최근의 정부 인사에서 호남이 차별받고 있다는 야당의 비난이 거세다. 또 야당의 기세에 질세라 여당 또한 그렇지 않다고 통계 수치를 들고 반박하는 모습이 여러 매체에서 보인다. 내용인즉 장·차관급 및 1급 공무원과 정부 산하기관장 숫자에서 호남 인맥이 전 정권보다 몇 % 줄고 영남 인맥은 몇 % 늘었다는 얘기다.

이러니저러니 해도 영남 인맥은 40% 근방이요, 호남 인맥은 20%대 후반이었다. 이 나라에는 영·호남 출신만 있나 하는 생각이 들었다. 궁금해서 신문을 자세히 들여다보며 인천 출신이 얼마나 되는지 보았다. 차관급에 한 명 있고 1급 이상을 통 털어서도 전체 숫자의 1%도 안 되는 영점 몇 프로에 불과했다. 그렇다고 지금까지 인천 출신이 차별받는다는 말을 나는 아직 들어본 적이 없다. 어느 정도 차이는 용인하면서 지역감정을 돋우는 말은 자제해야 하는데 영·호남 출신들이 너무 과민하다는 느낌이 든다.

이번 주 한 시사 주간지에서 경찰 치안감 이상 핵심 보직의 70%가 영남 출신으로서 경찰 고위직에 지역 편중이 심하다는 보도를 보았다. 내용을 자세히 보니 치안감 이상 33명 중 대구경북(TK), 부산경남(PK) 출신이 각각 9명, 호남이 10명인 반면, 충청 출신은 3명, 경기 출신은 2명에 그쳤고, 서울 인천 강원 제주 출신은 아예 없었다.

현 정권 치안감 승진자 19명 가운데 영남 출신이 10명, 호남 출신이 6명, 충청 두 명, 경기 한 명이다. 역시 서울, 인천, 강원, 제주 출신은 없었다. 이런 현상이 어제오늘의 일은 아니다. 그래도 서울, 인천, 강원, 제주에서는 이런 지역 편중에 이의를 제기한 적이 없는데, 호남 출신이 '핵심 자리'에 없다는 게 호남 인맥이나 야당의 불만인가 보다. 그런데 핵심 자리란 것이 도대체 무슨 기준에 따른 분류인지도 모르겠다.

내가 공무원으로 일하던 시절, 우리 부의 장관 자리는 대체로 영·호남 출신에게 돌아갔다. 가끔 충청 출신이 왔다. 그리고 아주 특별한 경우를 제외하고는 장관들 대부분은 부 운영에서 대체로 자기 지역 사람들을 챙기는 경향이 있었다.

통계상 나는 소외지역 출신임이 명백했지만 장관이 자기 지역 사람을 챙기는 것을 인지상정이라고 보았을망정, 특정 지역이 차별받는다는 인상은 받지 못했다. 호남이 차별받는다고 볼멘소리를 하나 그나마도 호남은 그 지역 출신 장관들이 가끔 와서 챙겨주었으니 그렇게 불평할 것도 못 되는 듯하다.

공공의 자리를 지역의 인구 비례에 따라 나눌 수는 없다. 전라도 출신은 '호남 배려' 케이스로 고위직에 발탁되는 경우를 많이 보았다. 서울,

인천, 경기, 강원 출신은 그나마 이와 같은 '배려 케이스'에도 해당되지 않는다는 점을 감안한다면 호남인들이 그렇게 억울해 할 일도 아니다.

2009. 8. 14.

쩨쩨하게 놀지 말고
일본 축구 응원하자

월드컵은 4강전만 남았다. 아시아 대표로 출전한 4개국 중 한국과 일본이 예선전을 통과해 16강 진출을 이루었으니 대단한 성과다. 조금만 운이 따랐더라면 8강, 4강까지 가능했는데 양국 팬들 입장에서 보면 아쉬운 일이다. 이제 축구 수준이 세계적으로 평준화되어 머지않은 장래에 아시아 국가도 월드컵 결승에 서는 모습을 보게 될지 모르겠다.

이번 월드컵 중계를 보면서 한국과 일본의 관계를 다시 생각하게 되었다. 한국 경기를 중계하는 일본 캐스터나 해설위원 그리고 보통 사람들은 열성적으로 한국을 응원했다. 진심이 우러나는 응원이었고 우리의 패배를 아파했고 안타까워했다. 반면 일본 경기를 중계하는 우리 캐스터나 해설위원은 일본을 응원하는 건지 중립을 지키는 건지 아리송했다. 대부분 시민들은 일본이 우리보다 잘하면 어쩌지 하는 불안감을 표출하기도 했다. 일본이 잘하는 것이 나쁘지 않으면서도 그래도 너무 잘하면 안 되는데 하는 이중적인 마음을 가진 사람들이 대부분이었던 것 같다.

 냉철하게 판단하면 아시아 국가가 잘해야 월드컵 본선 쿼터를 지키거나 늘릴 수가 있으니 아시아 국가를 응원하는 것이 당연하다. 아프리카 국가들이 8강전에 하나 남았던 가나를 온 아프리카 대륙에서 응원했던 것처럼. 그런데 일본에 시기심을 느끼는 것은 무엇일까.

 우리가 형편없던 개도국에서 한 세대 만에 일본을 따라잡은 대단한 국가이고 국가 크기 말고는 일본에 뒤질게 없다는 자부심을 갖고 있음에도 무언가 피해의식이 아직도 남아 있는 탓이 아닌가 여겨진다. 이웃 국가를 서로 응원하고 그에 따라서 같이 수준이 높아지면서 함께 발전해나갈 수 있다는 의식이 아직은 부족한가보다.

 외국에서 일본을 우습게 여기는 국민은 우리가 거의 유일하다. 그렇다면 이제 일본을 응원해주자. 우리 선조들이 가졌던 마음속 피해의식을 우리 후손들은 가지지 않도록. 그러면 일본을 응원하는 우리 국민은 아시아인의 일원이 될 수 있고 선진 의식을 가진 국민이 될 수 있다. 일본과 다툼이 있는 분야는 거기서 다투면 되고 스포츠에서는 아시아의 일원으로 서로 격려해주고 같이 발전해나갈 수 있다.

 중국 사람들이 월드컵 경기에서 우리나라를 절대 응원하지 않고 지면 고소하게 생각하는 마음을 어떻게 해석해야 할까. 중국이 아직 선진강국은 아니구나 하는 생각을 지울 수 없었다. 우리가 중국 사람들의 수준을 우습게 여기듯이 일본 사람들이 우리를 우습게 여기지는 않을까 우려된다. 우리는 이제 이웃이 땅을 사도 배 아파하지 않는 세계 10대 경제 문화 사회 스포츠 강국이다.

2010. 7. 5.

동북아 공동체,
이웃사촌 존중에서부터

  베이징 올림픽 기간 중 중국 관중이 보여준 혐한 기류에 우리 정부와 국민들이 적잖이 당황한 모습을 보이고 있다. 한국과 중국 간의 경기뿐만 아니라 한국과 제3국이 경기하면 제3국을, 하물며 한국과 일본의 경기도 일본을 응원하는 것을 보고 나도 참담함을 느꼈다. 1992년 한중수교 이후 한국에 대해 호기심을 갖고 열광했던 중국인들이 단시일 내에 이처럼 돌변한 이유는 무엇일까.

  쓰촨성 지진 관련 악성 인터넷 댓글이나 SBS 개막식 사전방송 등 아주 사소한 것들이 증폭되어 중국인들이 자존심을 건드린 것이 이런 결과를 가져온 것 같다. 좀처럼 속내를 드러내지 않는 일본인이나 중국인과 달리 실제 힘도 없으면서 너무 쉽게 속을 드러내는 한국인들의 약점이 드러난 것이다.

  수천 년 동안 세계 최고 수준의 역사를 이어온 중국을 우리가 최근에 조금 잘살게 되었다고 너무 무시하는 경향이 있었다. 전통이 있는 국가는 아무리 못살더라도 나름대로 자존심을 갖고 있기 때문에 이를 무시하면 참지 못한다.

요즈음 베트남 대표단이 방문하면 주로 아오자이 입은 베트남 처녀 목각인형을 준다. 꼭 1980년대 우리가 외국에 가서 색동옷 입은 목각인형을 주던 생각이 난다. 목각인형을 주지만 베트남인들도 자기 역사와 문화에 대한 자부심이 대단하다. 그들을 멸시하고 마구 대하면 중국과 똑같은 일이 벌어지지 않으리란 법이 없다.

한국에 있는 서양의 외국인들은 행사의 일환으로 고사를 지낼 경우 태연하게 만 원권을 돼지머리에 꽂고 절한다. 한국 음식도 맛보려 하고 한국식 문화와 풍습에 존경과 감탄을 그치지 않는다. 대체로 품위 있고 교양 있는 사람들은 문화적 다양성과 종교적 다양성을 인정하고 다른 국가의 관습을 이해하려고 노력한다.

반면에 수준이 떨어지는 사람들은 못사는 나라 출신들을 비하하는 경향이 있다. 나도 외국 근무 시 에티오피아 사람이 에티오피아 음식을 소개하겠다고 에티오피아 식당에 데리고 갔을 때 적잖이 당황한 적이 있다. 토속적인 모습의 식당에서 밀전병과 볶은 양고기가 나왔는데 수저가 없어 손으로 집어먹어야 했다. 식습관이 워낙 그렇다. 하지만 나는 에티오피아 음식의 우수성과 특이한 문화를 칭찬했다. 그렇지 않으면 그와 서먹해지고 앞으로의 관계는 깨질 것이 뻔하기 때문이었다.

종교도 그렇다. 국제회의 후 파티에서 인사말을 할 경우 자신의 종교가 무엇이든 알라를 위해 부처님을 위해 하나님을 위해라고 똑같이 언급해주는 사람이 대부분이다. 요즈음 한국 사회에서 일어나는 종교 간의 불화도 상대 종교에 대한 존경은 없이 폄하하려고만 하기 때문이다.

나는 유학 시절 사우디 출신 이맘이 이슬람을 믿으라고 할 때 부인을 4명씩이나 두는 종교는 못 믿겠다고 했더니 부인을 네 명 둘 수 있는 조건을 설명하는데 그 진지함에 반해 이슬람이 참 합리적이구나 하고 존경심을 표했었다. 때문에 그와의 친교 관계는 나빠지지 않았다. 남을 배려하고 이해하는 것이 이렇게 중요하다.

한국과 일본 중국은 이웃 국가이면서도 상대를 존중하기보다는 서로의 약점을 찾아 비난하고 심리적으로 불쾌하게 이웃 국가를 공격한다. 영국 프랑스 독일도 과거에는 서로 비방을 하고 공격적이었지만 전쟁 후 큰 교훈을 얻고 서로의 장점을 모아 서로의 공통점을 찾아 결국 EU라는 큰 테두리 안에서 번영을 구가하고 있다.

반면에 한중일은 21세기 지구촌 시대에 걸맞지 않게 자국의 잘난 점만 앞세우는 국수주의적 경향을 보이고 있고 인접국을 혐오하는 비정상적인 행태를 보이고 있다. 이런 구시대적인 사고로는 번영의 동반자가 될 수 없다.

예를 들어 반기문 UN사무총장 선출시 끝까지 반대한 국가가 일본이고, 한국과 중국은 일본의 상임이사국 지위를 반대하고, 국제대회 유치 시 서로를 지원해주지 않는다. 이웃 국가가 잘되면 반사 효과로 자국에도 정치 경제적으로 이익이 되는 것이 분명함에도 말이다.

동북아시아가 한 단계 도약하여 유럽 국가처럼 번영하려면 서로 협력하고 서로의 장점을 인정하고 자기 국가만 생각하는 폐쇄적 국가주의를 버려야 한다. 먼저 작은 나라인 우리가 중국과 일본의 장점을 보고 그들을 칭찬해주자. 그리고 이웃 국가가 잘되도록 응원해주자. 그러면 중국

벽지에 소학교를 세워주는 대장금 이영애에 중국인이 다시 열광할 것이고, 일본인들은 손정의 배용준 조치훈 이승엽 같은 실력 있는 한국인들에게 다시 경의를 표할 것이다.

2008. 11. 4.

원전 수주에 흘린 땀 충분히 이해간다

　우리나라의 한국전력 컨소시엄이 400억 달러 규모의 아랍 에미리트 원자력발전소 프로젝트를 수주했다. 온 국민들이 제2의 중동 붐을 꿈꾸면서 기뻐하고 있다. 이번 수주는 우리나라 사상 최대 규모의 해외 수주라고 평가받고 있다.

　어느 분야든지 처음 진출이 어려운 법인데 이번 수주로 우리나라는 해외 원전 수출의 전기를 마련했다고 볼 수 있다. 현대 정주영 회장도 처음 선박 건조 수주할 때 오백 원 지폐의 거북선을 보여주며 수주 활동을 벌였다는 무용담이 아직까지 회자될 정도로 처음이 어렵다.

　해외 입찰이든 국내 입찰이든 입찰 조건에 붙는 것들이 있다. 그중 가장 흔한 것이 '사업실적이 있을 것'이다. 그런데 처음 도전하는 자는 실적이 없으니 고전할 수밖에 없다. 나도 이런 곤욕을 치른 적이 있어 원전 수주의 성공이 남의 일 같지 않다.

2006년 11월 6일 미국 해양대기청에서 가진 한 · 미 협력의향서에 서명을 했다.

2005년 부산 경전철 3호선 2단계 사업자 선정 시 우진산전을 사업자로 선정한 적이 있다. 당시 우진산전은 정부 지원을 받아 무인 운전 경량전철 개발에 성공했는데 이는 프랑스, 일본, 캐나다에 이어 세계에서 4번째였다.

그런데 사업실적이 없으니 경전철 입찰에서 시쳇말로 계속 물을 먹을 수밖에 없었다. 특히 용인 경전철 같이 지자체에서 발주하는 경우에는 거의 외국 회사나 외국 회사 대리인의 독무대였다. 우리 독자 기술을 개발한 우진산전을 도와줄 필요가 있었다. 그래서 입찰 조건에 사업실적 조항을 없애고 국제적으로 권위 있는 기관의 인증을 받은 업체일 것으로 바꿨다. 그 결과 우진산전이 사업자로 선정되었다.

그런데 경쟁업체가 언론을 통해 문제를 제기했다. 문화일보 기자가 나에게 전화를 걸어와 시민들의 안전과 직결된 문제라고 하면서 국제적으로 신뢰성을 검증받지 못한 업체를 선정했다고 공격했다. 일본교통안전환경연구소의 인증을 받았다고 했더니 그것은 인증 보고서일 뿐이라고 따지기 시작했다.

나는 열이 나서 우리 철도기술연구원이 안전성을 인증했고 일본연구소 인증은 부가적인 사항일 뿐이라고 했다. 기자는 우리 철도기술연구원은 국제적으로 권위를 인정받는 신뢰성을 갖추지 못했다고 따졌다. 내가 "우리나라의 인증기관인 철도기술연구원이 인정했으면 됐지 일본연구소의 견해가 뭐가 그리 중요하냐"고 항변했다.

다음 날 문화일보 1면에 건교부의 '한심한 해명'이라는 글이 실렸고 내 실명이 거론되었다. 신문 1면에 내 이름이 거론된 것은 그것이 처음일 것이다. 그 기사로 약간의 곤욕을 치르긴 했지만 처음으로 우리 업체가 사업자로 선정되었으니 곤욕을 치를 만했다. 이렇게 첫 실적을 낼 때는 어려운 고비를 넘어야 한다.

우리 원전도 실적이 없어서 어렵게 어렵게 아랍에미리트 수주를 했을 것이다. 관계자들의 노력이 상상이 간다.

2009. 12. 31.

친일파 명단 공개에 부쳐

최근 친일인명사전 편찬위원회는 친일 인사 4천776명의 명단을 공개했다.

편찬위는 친일파를 '을사조약 전후부터 1945년 8월 15일 해방에 이르기까지 일본 제국주의의 국권침탈·식민통치·침략전쟁에 적극 협력해 우리 민족 또는 타 민족에게 신체적 물리적 정신적으로 피해를 끼친 자'로 정의했다.

이러한 정의에 입각한다고 하더라도 사람과 세상을 보는 눈을 다양화해야지 천편일률적인 기준으로 우리의 선조들을 너무 간단히 매국노로 재단하는 것은 위험한 접근이 아닐까 생각한다. 다시 말해서 친일파를 논할 때 이들을 자발적 친일파와 비자발적 친일파로 구분하고 불가피성이나 경중을 따져야 한다고 본다.

문제가 있다고 보는 부분은 비자발적 친일파를 무조건 친일파로 규정하는 것이 과연 정당한가의 판단 문제다. 비자발적 친일파 중에 군이나 관에 복무했다고 해서 무조건 친일로 모는 것이 온당할까. 구체적인 친일 행적이나 조선인에 대한 핍박이 없이 그저 직장을 잡는다는 기분으로 관리가 되었거나 군인이 되었다면 이를 친일로 모는 것이 맞느냐는 것이다.

문민정부가 들어섰을 때 정권 인수에 관여했던 관계자가 과거 군부 독재 시 관리를 했던 사람은 신정부에서는 필요 없다는 말을 하는 것을 들은 적이 있다. 비록 군부정권하에서 관리를 했을지라도 이들 대부분이 군부 독재를 돕기 위해서 관리를 한 것은 결코 아님에도 불구하고 이들을 한꺼번에 도매금으로 '군부정권의 하수인'으로 몰아가는 시각에 적이 놀란 적이 있다.

마찬가지로 일제 강점기에 일본 식민정권의 녹을 먹었다고 무조건 친일로 모는 것도 잘못된 것이며 친일 행적 여부에 따라 판단을 내려야 할 것이라고 본다.

일제 강점기 때 많은 사람들이 정든 고향, 사랑하는 고국을 등지고 만주로 중국으로 떠나 유랑하며 갖은 고생을 마다 않고 독립운동을 했다. 그러나 대부분의 사람들은 국내에 남을 수밖에 없었고 엄혹한 일제의 통치 아래서 살아남아야 했다. 바로 이 점도 고려해줘야 하지 않을까 생각한다. 아울러 최남선이나 이광수, 최승희, 홍난파, 안익태 같은 분들에게 너무 쉽게 '친일' 낙인을 찍어 역사의 장에서 지워버리는 것도 좀 더 숙고하고 좀 더 신중해야 한다고 생각한다.

언젠가 채만식의 〈민족의 죄인〉이란 단편을 읽은 적이 있다.

주인공은 존경받는 문인이었고 선생님이었는데 일경에 끌려가 매를 맞는 등 고문을 당하고 가족과 친지에 대한 위해 위협을 받는 등 여러 가지 박해와 회유 속에 결국은 자신이 일제 찬양 글 한번 써주고 강연 좀 해주면 자신도 편하고 주위 사람들도 편하겠다는 생각에 일제 찬양에 어쩔 수 없이 나선다. 그러면서 혼자 속으로는 갈등을 겪고 일경의 눈을 피할 수 있을 때에는 젊은 학생들에게 다른 길을 알려주기도 한다. 나는 이 단편에서 일제하 지식인들의 고민을 읽을 수 있었다. 우리 대부분은 일제 강점기를 겪어보지 않았고 고문도 회유도 당해보지 않았다.

모두가 윤동주가 되어야 하고 이육사가 되어야 했다고 강요하는 것은 안락한 침대에 앉아 가시덤불에 갇힌 사람보고 빨리 헤쳐 나오라고 하는 것밖에 안 된다.

판사가 올바른 판단을 하는 것은 항상 피고의 입장이 되었을 때라고 한다. 편찬위는 말하자면 역사의 판관이다. 피고의 입장에서 판단하는 판사처럼 편찬위도 최종적으로 친일인명사전을 발간하는 8월 말 전에 철저한 재검토로 억울하게 친일파로 몰릴 수 있는 사람들은 최대한 구제해주고 그들이 국가에 기여하고 사회에 기여한 점도 고려해주기를 희망한다.

2008. 5. 6. 인천일보

숭례문 비극 더 안 보려면

국보 1호인 숭례문이 화재로 인해 소실되고 난 후 해당 부처에 대한 비난 여론이 하늘을 찌르고 국민들은 심리적 혼돈을 경험하고 있다.

많은 이들이 문화재 관리 부실 문제, 해당 기관장의 출장 문제, 화재보험 가입 문제 등을 지적하고 있지만 문제의 핵심은 제대로 찾아내지 못하는 것 같다. 사람이 사는 사회에서 사고는 언제든지 발생할 수 있고 방화 행위도 항상 있을 수 있다.

그래서 자연 재난이나 인위적 재난에 대한 대응 매뉴얼이 있고 그에 대처하는 기관이 있고 인력이 있다. 사실 태안 유류오염 사고 때의 해경이나 이번 숭례문 화재 때 소방서도 매뉴얼에 어긋나지 않게 대처했을 것이다. 목조문화재이기 때문에 문화재청과 협의하느라 진화가 늦었다는 소방방재청의 변명이 매뉴얼상으로는 맞는지도 모른다.

그러나 지난 번 태안 유류오염 사고와 마찬가지로 이번에도 사고 후 초

동대처에서 심각한 문제점을 드러냈다.

담당 기관은 매뉴얼과 규정대로 초동대처를 했기 때문에 잘못한 게 없다고 주장할 수도 있다. 하지만 사고는 매뉴얼이 예상하고 있는 대로만 발생하는 게 아니다. 상황에 따라 응급조치나 비상조치가 필요한 경우가 많다.

상식적으로 생각해도 매뉴얼대로만 해서는 안 되는데 고지식하게 매뉴얼대로 조치하는 게 문책을 피하는 길이라 판단했다면 지극히 관료적인 사고방식이다.

고 정주영 씨가 만약 태안사고의 현장 책임자였다면 기름이 흘러내리는 유조선 탱크를 결코 보고만 있지 않았을 것이고 무슨 조치라도 했을 것이라는 일부 인사들의 지적이나, 이번 사고에서 '네 집에서 불이 났다면 협의만 하고 있었겠느냐'는 보통 사람들의 힐난은 정말 뼈아프게 받아들여야 할 것이다. 민간업체라면 모든 수단과 방법을 다해 손해를 최소화했을 거라는 지적을 해당 방재담당 기관들은 깊게 새겨들어야 한다.

몇 년 전 수원 화성 서장대 화재가 발생했을 때 진압에 나섰던 소방대원들은 지붕을 들어내고 공격적으로 화재 진압에 나서 불길을 잡고 서장대의 전소를 막았다.

그때 소방대원들은 문화재를 함부로 다뤘다고 비난을 받은 기억이 난다. 공격적으로 진화해도 비난받고 소극적으로 대처하여 불길을 잡지 못한다면 어떻게 해야 할까.

당연히 공격적으로 진화하는 것이 나중에 문책을 받을망정 임무를 회피하지 않는 진정한 소방관의 자세다. 사고가 발생할 때마다 우왕좌왕하는 것을 보면서 각 기관마다 비상대응팀을 운영하거나 청와대 혹은 국무

총리실에도 별도의 비상대응팀을 두는 것이 필요하다는 생각을 한다. 비상대응팀에는 매뉴얼과 규정을 뛰어넘어 긴급한 상황에서 독자적인 판단에 따라 조치를 취할 수 있는 권한이 주어져야 하고, 제3자는 그 결과를 두고 비난을 하지 말아야 한다. 물론 비상대응팀 판단에 전문가의 조언이 필요하겠지만 결정은 비상대응팀장의 몫이 되어야 할 것이다.

이런 '선-조치 후-보고' 체계는 사고 발생 초기단계에 피해 확산을 막을 수 있는 거의 유일한 방법이다. 군 복무 시절 군용 트럭이 낭떠러지로 굴러 20여 명이 심한 부상을 입는 사고가 있었다. 그때 한 사람만 빼고 모두 생명을 구했다. 가까운 민간병원에서 나온 의료팀들이 신속하게 응급조치를 하여 후송한 사람들은 전부 살았고, 응급조치 없이 군 통합병원으로 바로 후송된 군인만 과다 출혈로 죽었다.

이처럼 모든 사고에 있어서 초기 조치를 어떻게 했느냐에 따라 귀중한 인명을 구하기도 하고 민족의 문화 유산을 멸실시키기도 한다. 이번 화재로 우리는 대한민국 역사성의 한 상징이요, 가장 중요한 문화유산의 하나를 잃었다.

앞으로도 사고나 재난은 계속 발생할 텐데 이번과 같은 어처구니없는 초동조치가 계속된다면 우리에겐 희망이 없다.

그나마 이번 사건을 교훈 삼아 비상사태 시 우리의 초기 대처 능력을 향상시킬 수 있는 계기가 된다면 숭례문의 비극이 마지막이 될 것이다.

2008. 2. 12. 인천일보

타이태닉호와 대한민국호

20세기 초 세계 최대의 여객선이었던 타이태닉호는 첫 번째 항해에서 침몰한 그 비극적 운명 때문에 많은 이야깃거리를 남겼고, 명작의 반열에 오른 영화의 소재가 되기도 했다. 타이태닉호의 침몰은 선박의 안전 기준과 설비 기준이 강화되는 계기가 됐고, 국제해사기구 설립까지 이끌었다.

하지만 타이태닉호에 승선했던 2천200여 명의 승객과 승무원 중 무려 1천500명 이상의 고귀한 생명은 영영 돌아오지 못했다. 대신 후세에는 그들이 남긴 안타까운 사연들만 전해 내려오고 있다.

역사상 주요 사건들이 대부분 그러했듯이 타이태닉호의 경우에도 아무런 관계가 없을 것 같은 사람(통신 기사) 하나만 제 역할을 충실히 수행했더라면 승무원과 승객 대부분이 생명을 잃지 않고 살아남았을 것이다.

타이태닉호가 빙산과 부딪치면서 선체가 찢어져 침수되었다는 사실은 누구나 알고 있는 얘기다. 그러나 빙산과 충돌한 뒤 침몰하기까지는 두 시간 반이란 시간적 여유가 있었다. 타이태닉호의 경우 당시 안전규정 상 승객 절반만 태울 수 있는 구명보트를 갖추고 있었기 때문에 승객들을 전부 구조하기 위해서는 침몰 전에 인근에 있는 다른 선박이 구조 신호를 받고 빨리 와주는 길뿐이었다.

그러나 안타깝게도 구조 선박은 4시간 만에 도착했고, 그동안 물에 빠져 차가운 바닷물에 체온을 빼앗긴 승무원과 승객 대부분이 사망하고 말았다.

1912년 당시 통신 수단은 모스부호를 사용하는 무전기였다. 수많은 타이태닉호 승객들은 가족과 친구들에게 즐거운 소식을 전하기 위해 전보 송신을 통신 기사들에게 요구했다. 통신 기사들은 돈 버는 재미에 이런 안부 전보 송신을 대행하는 일에 몰두해 있었다.

인근을 항해하던 캘리포니아호 통신 기사는 타이태닉호에 빙산을 조심하라는 무선통신을 두 번 보냈다. 안부 전보 송신으로 바빴던 타이태닉호 통신 기사는 "바빠 죽겠는데 성가시게 하지 말라"고 답신을 보냈고, 이에 속된 말로 '열 받은' 캘리포니아호 통신 기사가 통신기를 끈 뒤 잠을 자러 가버리면서 엄청난 사건은 시작됐다. 그 직후 타이태닉호는 빙산과 충돌한 것이다.

그때서야 타이태닉호에선 계속 조난 신호를 보냈다. 하지만 불과 한 시간 거리에 있었던 캘리포니아호는 통신 기사의 업무 태만으로 이 조난 신호를 수신할 수 없었다. 결국 4시간 거리에 있었던 카르파티아호가 조난 신호를 수신한 뒤 사고 현장에 도착했으나 이미 때는 늦어 있었다.

물론 캘리포니아호가 구조하러 오지 않았다고 해서 어떤 법적인 책임을 물을 수는 없다. 그러나 통신 기사가 제자리에서 조난 신호를 수신했더라면 타이태닉호 승객들의 운명은 180도 달라졌을 것이다.

우리 사회를 구성하는 모든 구성원들은 우리 사회의 시스템이 정상적으로 작동하는 데 일정 부분 기여를 하고 있다. 때문에 어느 한 사람의 태만과 무심함이 대한민국호에 치명적인 위해를 끼칠 수 있다는 것을 항상 염두에 둬야 한다. 제방 감시원이 제방을 돌보지 않으면 제방이 무너지고, 판사가 재판과 관련된 특정인에게 뇌물을 받으면 재판의 신뢰성을 잃게 된다. 공사 감독이 감독을 소홀히 하면 다리가 무너지며, 기관사가 주변을 살피지 않고 생각 없이 전동차의 문을 닫아버리면 수백 명이 불 속에서 목숨을 잃게 되기도 한다.

한 통신 기사의 업무 태만과 게으름으로 타이태닉호에 승선했던 수많은 승무원과 승객이 수장되었던 사건과 유사한 일이 지금도 어디서든 다시 일어날 수 있다. 특히 공직에 있는 사람들의 사소한 잘못 하나는 일반인들보다 더 큰 파장을 일으키며 사회를 어지럽게 하고 결국에는 부메랑처럼 자신에게 되돌아올 것이다.

바다이야기와 황금성 등 사행성 오락기에 대한 실체 공방도 결국은 결정권자의 판단 잘못과 관련자의 욕심으로부터 비롯돼 많은 사람들이 그 파장에서 허우적거리고 있다. 모든 공공 업무를 담당하는 사람들은 자신의 판단 하나 행동 하나를 신중히 하고 소홀한 것은 없는지 항상 돌아봐야 하는 이유다.

2006. 9. 7. 경인일보

2장
보탤 건 보태고, 뺄 건 빼고

모든 게 비싼 세상

2007년 초 미국 해군과 해양조사협력 양해각서를 체결하러 미국을 방문한 적이 있다. 당시 워싱턴 교외에 집을 판다는 광고가 예전에 주미 대사관에 근무할 때에 비해 유난히 많다는 느낌이 들었는데, 그것이 서브프라임 모기지 부실로 가는 전조임을 몰랐으니 나도 참 어리석었다는 생각을 지금에 와서야 한다. 남들 따라 펀드에 가입했다가 반토막이 나니 속쓰림 또한 남들과 마찬가지다.

당시 미국에서 근무하던 해양수산부 주재관 및 미 해양대기청의 한국인 직원과 골프를 치러 갔다. 4명의 골프 피를 내가 냈는데 160달러 정도였으니 그때 환율로 15만 원 정도 된다. 참 싸다는 느낌이었다.

그러면서 찬찬히 생각해보니 우리가 미국보다 싼 것이 거의 없었다. 집 값도, 자동차 값도, 기름 값도, 고속도로 통행료도, 쌀값도, 고기 값도,

옷 값도 모두가 미국이 싸다는 생각이 들었다. 그 반대로 우리나라가 미국보다 싼 것을 찾아보려 했으나 좀처럼 찾기 힘들었다. 우리가 미국보다 잘사는 것도 아닌데 물가는 미국보다 더 높으니 우리 경제 시스템이 과연 글로벌 경제체제에 잘 어울리는 것인가 하는 의문이 들었다.

그때 우리 경제에 거품이 끼어 있다는 것을 깨달았어야 하는데 나도 참 어리석었다. 서울 강남의 집값이 맨해튼의 집값 못지않고, 외제차 중에서 비싼 차일수록 우리나라에서 더 잘 팔린다는 소식을 접하면서 우리 경제에 거품이 있었음을 깨달았어야 했다.

얼마 전 직원들과 북한산을 함께 오른 적이 있다. 일행 중 한 명의 하소연이 좀 심각한 게 있어 적어본다. 그 직원은 아이가 셋이고 서울이 아닌 위성도시의 21평짜리 주공아파트에 전세로 살고 있다.

목포에 근무할 때 자기 돈 2천만 원에 융자 2천만 원을 합쳐 아파트를 샀는데 서울 전근 발령을 받아 하는 수 없이 집을 팔게 되었단다. 그때 집값은 3천만 원으로 떨어졌다고 한다. 목포 아파트를 팔아 마련한 돈과 회사의 전세자금 지원금 4천만 원을 합쳐 지금의 아파트에 전세로 들었는데 최근 전세 가격이 급등하면서 집주인이 전세금을 올려달라고 할까 봐 걱정이 태산이란다. 아이는 셋인데 방은 둘이라서 서울의 전세 아파트가 여러 가지 불편함을 줌은 말할 것도 없다.

그런데 아이들 교육비, 양육비에 봉급을 다 써도 모자랄 지경이라 저축은 꿈도 꾸지 못하고, 아파트 분양을 받으려니 대출금 이자와 원금을 감당할 수 없을 것 같아 분양도 받지 못하겠고, 그래서 결국 자기는 평생 '내 집 마련'이 어려울 것이라고 장래를 비관했다. 이 직원은 후배들에게 '아이는 하나만 낳아라'고 충고를 할 수밖에 없단다.

수도권의 높은 집값은 우리나라의 낮은 출산율과 상관관계가 있는 듯하다. 수도권의 집값이 유난히 비싼 탓도 있지만 전 세계에서 출산율이 가장 낮다는 우리나라에서 앞서 말한 직원이 경험하고 있는 것과 같은 일이 벌어지는 건 아이러니다. 서구 선진국에 살 때 보니 아이 많이 가진 사람들이 대접 받고 아이 있는 가정들은 국가에서 어떤 식으로든 지원해주었다.

우리도 아이들이 가장 중요한 시대가 되었다. 국가가 아이 많은 사람들에게 파격적인 혜택을 주어야 할 시점에 와 있다. 다른 부분의 예산을 줄여서라도, 차도 별로 없는 곳의 도로 건설 예산을 줄여서라도, 또는 특단의 다른 방법을 강구해서라도 이 부분에 국가의 재원이 집중되어야 한다. 스웨덴에서 보니 아이가 많을수록 큰 집을 임차할 수 있었고, 임대료도 대폭 낮추어 가계에 대한 부담이 없었다.

특히 출산율과 관련해서는 이제 걱정만 할 일이 아니라 행동을 할 때가 되었다. 미혼모들이 아이를 입양기관에 맡기고 울지 않도록, '싱글 맘'들이 불쌍해지지 않도록 마음 놓고 아이를 낳고 기를 수 있는 환경을 조성하고 지원도 해야 한다.

집값은 쌀수록 좋다. 집이 투자 개념이 아니라 거주 개념이 될 수 있도록 대도시 거주자에게 싼 가격의 주택을 공급하는 것은 국가가 시민을 위해 꼭 해야 할 일이며 주민의 행복과 직결되는 문제다. 반면에 자동차나 골프채, 양주에 세금을 높게 매기는 것에 대해서는 찬반양론이 있을 수 있다. 그리고 의식주 중 가장 기본적인 먹을거리를 저렴하게 하는 것이 바람직한 것으로 본다.

선진국 시스템에서 배울 만한 것은 고급스럽게 먹을 사람은 비싼 가격을 지불하지만 가난한 사람들이 저렴하게 식품을 구입하는 곳이 반드시

막내 아들 돌잔치 기념 사진. 저출산 문제를 해결하기 위한 국가의 파격적인 정책 도입이 시급하다.

존재한다는 점이다. 먹을거리를 저렴하게 유지하기 위해서는 물론 농업에 종사하는 이들에게 보조금이 아닌 기술적 방식으로 지원하는 것이 필요할 것이다. 스위스의 경우 산에서 소를 키우는 것이 전혀 경쟁력이 없음에도 정부가 알프스에서 소를 키우고 집을 예쁘게 가꾸는 것만으로도 농민들에게 관광 진흥에 기여한다고 지원금을 제공하는 방식 말이다.

지난 번 미국산 소고기 수입 문제와 관련해서 큰 소동이 있었다. 분명 교역 문제였음에도 정치 쟁점화 되는 것이 안타까웠다. 소비자는 기왕이면 값이 싼 소고기를 원한다. 특히 도시 지역에 거주하는 영세 서민일수록 소고기를 싸게 먹고 싶어 한다. 미국에서 지난 5년간 광우병 소가 한

마리도 발생하지 않았기 때문에 미국산 소고기의 수입이 재개되었다. 그러므로 미국 소 3억 마리 중 한 마리라도 광우병 소가 발견되면 다시 수입을 중지하면 되는데 왜 그렇게까지 반대를 하는지 통 이해할 수가 없었다.

농민 단체가 자신의 이익을 보호하는 차원에서 수입 소고기를 반대한다면 충분히 이해가 가지만 그렇지 않은 사람들이 반대한다면 이는 '반대를 위한 반대'일 공산이 높다. 반대를 위한 반대를 하는 사람들은 또한 모든 정부 시책에 반대할 공산이 높다. 그리고 일본과 한국이 수십 년간 외국에서 동일하거나 유사한 사료를 수입해서 소들에게 먹였는데 일본은 광우병 소가 32마리 발견되고 우리는 한 마리도 발견되지 않았다. 이것이 진실인가.

주미대사관에서 해양수산관으로 근무할 때 미 무역대표부에 불려간 적이 있었다. 나에게 하루 전 KBS 9시 뉴스 기사를 인터넷에서 뽑은 것이라며 보여주었다. 내용인즉 중국 어선이 잡은 조기를 우리 어선에 옮겨 싣다가 서해상에서 해경에 적발되었다는 것이었다. 조기에 대한 조정관세가 80%이므로 중국 배로 들어오면 고율의 관세를 납부해야 하기 때문에 그런 행위를 저지른 것이다.

그 기사를 보여주면서 미 무역대표부 관리는 나에게 한국을 이해할 수가 없다고 했다. 조기가 한국인 누구나 좋아하는 생선이라면 소비자 편익을 위해서라도 조정관세를 없애야 하는 것 아니냐고 반문해왔다. 조기잡이 배를 가진 사람은 굉장히 부자이고 수백 명밖에 안 될 텐데 왜 수백 명을 위해 다수의 가난한 사람까지 포함한 모든 국민이 두 배 값에 조기를 사먹어야 하느냐고도 했다.

당시 미국 동해안에서는 조기가 많이 잡혔다. 그러나 조기는 미국인들이 먹지 않는 생선이어서 미국 무역 당국은 한국에 판로를 개척하고 싶어 했다. 미 무역대표부의 질문은 바로 이와 같은 숨은 의도를 담은 것이었지만 그 논리 전개만큼은 옳았다. 당시 나는 우리 수산업의 중요성 등을 가지고 반론을 폈지만, 마음속으로는 그의 논리적 타당성마저 부인할 수 없었다.

비단 수입 소고기, 조기에 국한된 얘기는 아니다. 우리가 어느 한 산업만 보지 말고 전체 경제에 미치는 큰 그림을 본다면 결국 무역자유화, 경제자유화가 옳은 길이 아닐까.

2009. 1. 20. / 2009. 9. 8.

미혼모 지원 네트워크

1980년대 말 스웨덴 유학 시절 어린아이들 행사장에 가면 항상 우리나라 아이 같은 동양 애들을 볼 수 있었다. 무슨 영문인지 궁금해서 부모한테 물어보면 예외 없이 입양아였다. 스웨덴 사람과 만나 얘기하다보면, '우리 사촌이 한국 아이를 입양했다'거나 '옆집에 입양한 아이가 있다'는 말도 흔히 들을 수 있다.

당시 스웨덴의 한국 입양아가 8,000명이 넘었고 이는 스웨덴 전 인구 대비 0.1% 정도 되는 수여서 충분히 그럴 만도 하다는 생각이 들었다. 당시 입양 대상 어린아이는 가정 형편이 너무 어려워 부모가 양육을 포기한 아이와 미혼모의 아이가 각각 절반씩을 차지하였다. 그런데 요즈음은 스웨덴 가정에 입양되는 한국 아이의 90%가 미혼모의 아이란다. 잘살게 된 덕분에 가정 형편 탓에 자기가 낳은 자식을 이역만리로 입양시키는 일은 대폭 줄어들었지만, 사회 시스템의 유산이라 할 미혼모 아이의 입양은 계속되고 있는 것이다.

얼마 전 신문에서 '미혼모의 대부' 라 불리는 미국인 보아스 박사의 기사를 읽었다. 그 기사 내용을 보면 미혼모들이 아이를 포기하는 원인을 알 수 있다. 대부분의 미혼모는 스스로 원해서가 아니라 자신들에게 가해지는 경제적 압력 때문에 어쩔 수 없이 아이들을 포기하고 입양을 택하게 된다는 것이다.

미국의 경우는 미혼모의 아이 중 1%만 입양되는데 우리나라의 경우는 미혼모의 아이 중 입양 비율은 무려 70%에 이른다고 한다. 미혼모 중 70%는 자기가 스스로 아이를 키우고 싶어 하는데 우리는 미혼모 혼자서는 도저히 자녀를 키울 수 없는 사회적 환경이어서 미혼모들이 자식과 생이별을 해야 하는 가슴 찢어지는 아픔이 있음에도 아이를 포기할 수밖에 없다는 것이다.

보아스 박사는 이런 현실이 너무나 안타까워 사회가 이 아이들의 입양을 장려하기보다는, 엄마가 제 손으로 아이를 키울 수 있는 환경을 만들어 주는 것이 더 좋은 방법이자 최선이라고 충고하고 있다. 아울러 그는 이렇게 충고만 하는 것이 아니라 몸소 미혼모의 자립을 돕기 위해 '한국 미혼모 지원 네트워크' 를 설립하여 자신의 소신을 실천하고 있다는 것이다.

예전에는 나도 미혼모를 백안시하고 자신이 벌인 일에 대해서는 그것이 설혹 '한 때의 불장난' 이었을망정 스스로 책임을 져야 한다는 믿음을 갖고 있었다. 그러나 내 아이들이 성인이 되고 우리나라의 출산율이 급전직하하는 걸 보면서 생각을 달리하게 됐다.

미혼모는 사회가 돌봐주어야 할 대상이다. 미혼모가 부끄러워해야 할 게 뭐가 있는가. 그들이 당당하게 살아갈 수 있도록 해줘야 한다는 점과

어머니가 자기 아이를 키우는 것은 기본권에 속하며, 따라서 미혼모들이 아이들을 키울 수 있도록 해주는 건 국가의 국민에 대한 기본적인 책무라는 사실을 깨닫게 된 것이다.

내가 해외 경험을 통해 보고 배운 것도 생각을 바꾸는 데 일조했다. 미국이나 유럽에서는 미혼의 어린 딸이 임신했다고 하면 부모들은 세상의 편견으로부터 딸을 보호하는 방패막이가 되어주는 한편, 딸의 선택을 지지하고 도와준다. 그에 비해 우리는 아직 어린 그들을 보호해주는 환경을 조성하지 못하고 있다.

때때로 우리는 안타까운 현실을 외면해버리거나 비현실적인 이상주의에 사로잡혀 시기를 놓치거나 엉뚱한 방향으로 가는 경우가 많다. 미혼모의 양산을 막기 위한 성교육의 방향도 예외가 아니다. 아이들 신체적 발육과 지각의 발달 수준에 맞게 초 중 고등학교 학생들에게 제대로 된 성교육을 시켜 원하지 않는 임신을 줄여야 한다. 구렁이 담 넘어 가듯이 그저 가르치는 시늉만 할 게 아니라 구체적으로, 그리고 정확하게 가르쳐야 한다.

우리보다 못사는 나라들도 미혼모들이 자기 의사에 따라 아이를 키울 수 있도록 전폭적 지원과 노력을 하는데 우리가 미적거리는 이유가 무엇인지 모르겠다. 출산율이 우리보다 높은 나라도 혼자 사는 엄마가 아이를 키울 경우, 생업에 종사하는 시간 아이를 맡길 수 있는 보육시설, 보육비 등을 제공·지급해주고 일자리도 마련해준다. 그뿐 아니라 공부하고 싶은 사람은 공부할 기회도 준다.

우리는 과연 얼마나 잘살아야 이런 데 관심을 돌릴 것인지 모르겠다.

2010. 3. 18.

스폰서 검사 문제

부산의 한 건설업자가 부산 지역 검사들에게 20여 년간 술 접대, 성 접대 등 스폰서 노릇을 했다고 스스로 폭로하는 사건이 최근 있었다.

물론 그 건설업자는 부산지검의 인권위원이나 청소년선도위원 등의 자리를 맡아 검찰과 친분 관계를 유지했을 것이고, 자기가 들인 돈 이상의 이득을 챙기려 했을 것이며, 검사들과의 연줄을 과시하며 지역 사회에서 온갖 유세를 떨었을 것이다. 아마 자기 입장을 봐주지 않는다고 해서 결국 검사들과 맺었던 아름답지 못한 관계를 만천하에 폭로했을 참 치사한 인물인데, 일단 그 문제는 차치하기로 하자.

스폰서 검사 파문과 관련하여 고위공직자 비리 조사처나 특검의 상설화 문제가 공론화되자 검찰총장은 이에 대한 반대 의사를 나타내며 우리 사회에서 검찰보다 깨끗한 곳이 어디 있느냐고 항변했다고 한다. 검찰이 깨끗할지도 모른다. 그러나 최고 권력 기관의 하나인 검찰에 의해 뭔가 억울한 일을 당했다고 생각하는 사람들은 그런 검찰총장의 말에 절대 공감하지 않을 것이다. 사실 검찰이 얼마나 두려운 기관인가. 기소 독점권을 가진 가장 무서운 기관 아닌가.

내 경험부터 말해보겠다. 십수 년 전 인천항만청 해무과장 시절이다. 직원 두 명이 춘천으로 출장 가서 소양호 유람선 선박검사를 제대로 하지 않은 채 10만 원을 받고 그냥 통과시켜주었다는 투서가 검찰에 들어가 당사자들이 소환되었다. 문제의 출장을 다녀온 지 1년도 더 지난 뒤 벌어진 일이다.

검찰 조사에서 한 직원은 끝까지 돈을 받은 적이 없다고 버텼다. 반면 마음 약한 다른 한 직원은 돈은 받은 바 없다고 버텼지만 "밥은 먹었을 것 아니냐"는 유도성 질문에 그대로 넘어가 "그렇다"고 진술하고 나왔다. 얼마 후 검찰이 보내온 통보 내용은 밥을 먹었다고 인정한 직원에 대해 향응을 받았으니 징계하라는 것이었다.

내가 경고로 끝냈더니 담당 검사가 전화를 걸어와 "경고가 징계냐"고 따졌다. 추가적인 조치의 수준을 놓고 고민에 빠졌을 때 선박 검사 직원들이 50만 원을 걷어와 나보고 담당 검사를 만나 해결해달라고 하였다. 결국 검사 몇 분 모시고 밥 사고, 술 사고 해서 심기를 편하게 하여 문제를 해결했다. 여기서 향응의 경계는 모호해진다.

다음은 모 지방 항만청 과장을 하던 김 모 직원의 이야기다. 모 사업자가 규정상 터무니없는 매립을 요청해 안 된다고 했더니 계속 찾아와서 괴롭혔단다. 그래서 "3억 원을 가져와 봐라. 해주나" 하고 농담 삼아 말했다고 한다. 이 사업자가 그 말을 몰래 녹음해서는 당시 ㅅ지검에서 검사로 근무하던 자기 사위에게 가져다주었다. 사위 검사는 김 과장을 뇌물 요구죄로 구속했고, 김 과장은 1, 2심에서 모두 유죄 징역형을 받았다.

김 과장 부인이 하도 억울해 하자 이를 딱히 여긴 주변에서 대법원에서는 제대로 심사받기 어렵다며 남편을 구제하려면 대법관 출신을 변호인으로 선임하라고 충고해주었다. 김 과장 부인이 수소문 끝에 한 대법관 출신 변호사를 찾아내어 그에게 선임을 요청하러 갔더니 사무장이 그런 사건은 맡지 않는다고 했다. 김 과장 부인이 몇 날 며칠을 그 변호사 사무실을 찾아가 울며불며 매달렸다. 대법관 출신 변호사가 출근하다가 며칠씩이나 와서 우는 여성을 보고 사무장에게 "저 분 무슨 사연이냐"고 물었다.

남편이 뇌물 요구죄로 감옥에 있어서 그런다는 얘기를 듣고는 그 변호사는 대법원 재판연구관에게 사건 기록을 한번 봐달라고 부탁을 했다. 재판연구관이 "이 사건 이상한데요. 죄가 안 되는 것 같은데요"라고 알려줬다. 그 변호사 덕분에 3심에서 무죄를 받고 김 과장은 1년여 옥살이 끝에 공무원으로 복직할 수 있었다. 김 과장이 검찰을 상대로 손해배상 소송을 준비할 때 애초 그를 기소했던 문제의 사위 검사가 다시 "공무원 생활 계속하기 싫으냐"는 전화를 해왔다고 한다. 주눅이 든 김 과장은 결국 소를 제기하지도 못했다. 그가 감옥에 있는 동안 김 과장 부인은 지병을 얻었다.

이와 같이 검찰에 억울한 일 당한 사람에게 과연 검찰이 깨끗하고 공정하다고 생각될까. 무소불위 권력이 있어선 안 된다고 본다. 권력 남용으로 애꿎은 피해자가 발생하는 것은 물론, 검찰 전체의 품격 유지를 위해서도 분명 견제 장치가 있어야 할 것이다.

2010. 5. 25.

입시의 정당성과 공정성

2009년도 고려대학교 수시모집의 서류전형 과정에서 불공정하고 이해할 수 없는 결과에 대해 많은 지적이 있고 신문과 방송에서도 계속 다뤄지고 있다. 즉 수시모집의 1단계 서류전형에서 특수목적고의 5등급은 붙고 일반고의 1등급은 탈락했다는 것과, 일반고 내에서도 성적이 더 좋은 학생은 떨어지고 성적이 뒤떨어진 학생은 붙었다는 것이다.

그런데도 고려대학교는 확실한 해명도 하지 않고 자료를 공개하지 않는다는 것이다. 그저 대학의 자율권 내에서 정당하게 판단했다고 주장만 한다는 것이다. 내 조카아이도 내신 성적상 떨어질 이유가 전혀 없는데도 떨어졌다고 처제가 분개하면서 하소연하였으니 남의 일이 아니다.

나도 유사한 경험이 있다. 2001년 여름 주미대사관 근무를 마치고 귀국해서 딸아이를 고등학교에 편입시킬 때 기왕이면 대원외고에 편입시키고 싶었다. 집사람이 대원외고에 갔더니 편입생 자리가 두 자리 비어서 두 명만 뽑는다며 서류를 준비해 오라고 했단다. 며칠 후 서류를 준비해 갔더니 접수를 거부했다. 이유는 미국에서 귀국한 학생이 3명인데 다른 두 명을 뽑기로 결정했으니 우리 딸아이 서류는 접수할 수 없다는 것이다.

집사람이 따졌다고 한다. 기준이 뭐냐고. 학교 성적순이냐, 토플성적순이냐, 키 큰 순이냐, 얼굴 예쁜 순이냐, 도대체 뭐냐고. 왜 원서 접수도 받지 않고 시험도 안 보냐고. 그저 대원외고에서는 학교 재량이라고만 주장했다.

도대체 재량권을 그런 식의 변명으로 활용한다면 그런 재량은 주어서는 안 된다고 생각했다. 주위에서는 대원외고를 상대로 소송하라고 했다. 소송해서 정신적 위자료라도 받으라고. 하지만 그런 학교 안 보내고 일반 고등학교 보내면 된다는 생각에 조용히 잊기로 했었다. 그 당시 집사람한테 무시도 많이 당했다. 내가 별 볼일 없어서 그렇다고. 다른 두 명의 부모가 하나는 주미대사관 경찰 주재관이고 또 하나는 모 신문 워싱턴 특파원인데 그 두 부모 끗발에 내가 밀렸다고. 아마 집사람 말이 맞았을 거다.

대원외고에서는 사회적 영향력을 감안해 편입에서 부모의 배경을 보았을 것이다. 하지만 그것이 시험도 보지 않은 채 밀실에서 결정되고 상대방을 납득시킬 수 없다면 공정한 것은 아니다. 우리 딸아이가 후에 서울 법대에 입학한 후 대원외고 출신들처럼 같이 어울리고 공부할 애들이 있었으면 좋겠다는 말을 할 때마다 아빠 끗발이 별로였던 것에 항상 미안함을 느껴야 했다. 나 정도가 이랬으니 보통 부모의 가슴에 못을 박는 일은 얼마나 벌어질까.

우리나라 교육 당국이 대학교 입시와 관련하여 대학에 전면적인 자율권을 주지 못하는 것은 아마도 이러한 입시 과정에서 대학당국이 불편부당하게 입시 업무를 처리하고 투명하게 일을 처리할 것이라는 확신을 하지 못해서 그런 것이 아닌가 하는 생각이 든다. 선진국의 입시처럼 인종도 배려하고 성별도 고려하고 소외계층도 배려하는 등 사회에 긍정적 영향을 미치려는 노력을 우리 대학이 해줄 수 있을까 의심이 들기 때문이다.

그렇다면 기계적으로 입시체계를 나누면 어떨까. 3분의 1은 내신성적으로 지역별 인구비례에 따라 뽑고, 3분의 1은 전국 수능 성적으로만 뽑고, 나머지 3분의 1은 대학별 본고사로 뽑는다면 다양한 전형방법이 있기 때문에 그나마 많은 사람을 만족시킬 수 있지 않을까.

2009. 2. 2.

좋은 휴식이 건강한 사회를 만든다

요즈음 만나는 공무원마다 피곤해 미치겠다고 성화다. 대통령이 워낙 부지런하니까 장관도 따라서 부지런해야 하고, 그러니 실·국장, 과장, 사무관, 비서까지 모두 새벽에 집을 나와 별 보며 귀가하고, 토요일, 일요일도 수시로 나오고…. 이렇게 근무 시간만 늘어나고 휴식이 줄어들면 과연 업무 능률이 오르고 생산성이 증대되며 경제가 살아나는 것일까.

일부 사람들은 일을 즐기고 일에 중독된 사람들도 있다. 말 그대로 '워크홀릭' 이다. 그러나 사실 대부분의 보통 사람들은 적정 근무 시간만 일하고 나머지 시간은 휴식을 취하거나 자기가 하고 싶은 일을 할 때 능률이 가장 높고 만족스러워 한다. 집중력도, 새로운 아이디어도 휴식 후에 나오는 것이지 자리만 차지하고서 항상 멍하니 있으면 기껏해야 현상 유지만 될 뿐 발전을 기대하기 어렵다.

군 복무 시절 비상근무 경험이 새롭다. 비상근무도 어쩌다 한번 해야 제대로 하지 비상근무가 상시화되면 근무 기강이 다 흐트러져버린 기억이 있다. WBC 야구대회에서 한국 대표팀의 김인식 감독도 결승전 경기 전날 선수들에게 충분한 휴식을 줬고, 은반의 여왕 김연아 선수도 중요한 경기 전에는 반드시 휴식을 갖는다. 좋은 결과를 내기 위해서는 그만큼 휴식이 중요하다.

그러니 매일 아침 일찍 또는 휴일에 수시로 소집되는 회의는 성과는커녕 그냥 '있으니까 하는 회의'에 그쳐버릴 것 같아 걱정이다. 정부가 휴일 없이 일하니 민간 기업도 따라야 한다는 말이 나올까 봐 또 걱정이다.

오명 장관이라고 기억하는 분들이 많을 줄 안다. 체신부 차관 시절 우리나라 정보통신 기술의 기초를 닦았고, 초대 건설교통부 장관 그리고 과학기술부 장관을 지내신 분이다. 이분은 아침 9시 이전에 회의 소집을 하지 않는 것으로 알려졌다. 또 저녁 6시 이후에는 야근을 못 하게 했다. 직원들 야근시키는 국·과장은 무능한 것으로 간주하겠다고 엄포도 놓고, 그래도 직원들이 야근하는 일이 벌어지자 아예 사무실 전원을 내리게 했다.

이분이 체신부, 건교부, 과기부 시절에 많은 업적을 남기셨고 공직 사회에서는 가장 훌륭한 장관 중에 하나로 꼽힌다. 나는 이분을 모시고 근무한 인연은 없다. 그러나 건교부 광역교통기획관으로 근무할 때 당시 과기부를 맡고 계시던 오명 장관이 '한번 보자'고 하여 과기부 장관실에서 뵌 적이 있다.

당시 내가 몸담았던 건교부는 자기부상열차 실용화 사업을 하지 않겠다고 했는데 오명 장관은 자기 부처도 아닌 다른 부처의 담당 국장인 나를 붙잡고 설득하셨다. 예전에 전자식 교환방식을 다른 나라보다 일찍 도입한 덕분에 우리 정보통신 산업이 비약적으로 성장한 것을 예로 들면서 자기부상열차 실용화 사업의 조기 추진 필요성을 역설하셨다. 당시 그분의 열정에 감명을 받은 기억이 아직도 생생하지만 '그건 그거'다. 나는 휴식의 중요성을 인정한 분으로서 오명 장관을 더 많이 기억한다.

2000년대에 들어서 젊은이들의 혼인 시기가 점점 늦어지고 출산율도 떨어지는 것은 물론 여러 요인이 있겠지만 아침부터 저녁까지 바삐 움직여야만 생존이 가능한 현대 생활도 한 원인이다. 새벽부터 밤늦게까지 일해서야 사람의 행복지수가 높아질 수가 없다. 최근 회자되는 일자리를 나누자는 이른바 '잡 셰어링'(job sharing) 캠페인도 한 사람이 너무 많이 일하는 관행을 고치지 않고서는 달성될 수 없다. 유럽에서는 자영업자에게도 하루의 가게 문 여는 시간을 제한하고 일주일에 하루는 반드시 문을 닫도록 강제한다. 그들의 여유를 부러워하면서 능률 향상을 위해 고위직에서부터 휴식 챙기기에 솔선하는 모습을 기대해 본다.

십 수년 전 김영삼 대통령의 문민정부 시절, 나는 인천항만청에서 한 개 과를 책임지고 있었다. 당시 사정 바람이 한창 관가를 휘몰아쳤다. 과 직원이 사십 명 정도 되었는데 사정 기관이 하도 설쳐대서 일을 정상적으로 할 수 없을 정도였다. 아마 여직원 빼고 전 직원이 검찰이나 경찰에 불려갔던 것 같다. 누가 투서만 했다 하면 직원을 불러대고 자료를 요구하고 야단이었다.

문민정부는 대한민국 건국 이래 최초로 수평적 정권 교체를 이룬 정부로 꼽힌다. 그만큼 개혁에 대한 열망이 강했고, 일에 대한 의욕이 앞섰던 것이 사실이며, 이는 권위주의 청산이라는 측면에서 이해 못 할 바는 아

해양수산부 직장야구단 단장을 맡고 있던 2002년, 선수들과 함께 파이팅을 외쳤다. 개인에게 휴식이 필요하듯 국가 운영에도 완급조절이 필요하다.

니었다. 그러나 일을 벌이지 않는 것이 상책이었다. 정부 시책에 부응해 일을 적극적으로 하면 꼭 사단이 벌어졌다. 그때 사정기관이 너무 설치면 공무원이 복지부동할 테고 문제가 많이 발생할 거라고 보았다.

아니나 다를까. 당시 하늘에서, 땅에서, 바다에서, 다리에서, 백화점에서 수많은 대형 참사가 꼬리를 물고 이어졌다.

개인에게 휴식이 필요하듯 국가 기관 운영에도 완급이 있어야 할 것이다. 사정기관도 적정선에서 자기 역할을 해야 하고 사회 각 주체의 역할을 존중해주어야 한다. 그래야 국가가 효율적이고 합리적으로 굴러간다고 본다.

2009. 3. 2.

눈 폭탄에 대한 우리들의 대응

신년 초 함박눈 때문에 출근길이 엉망이 됐다. 기상 관측 사상 최대인 25.8cm의 눈이 서울과 인천 등 수도권에 내렸다고 한다. 길마다 차가 뒤엉키고 차가 미끄러져 사고는 여기저기서 발생하고 도로는 주차장으로 변하고 출근하는 데 5시간이 걸렸다는 사람이 속출했다. 나도 아침에 지하주차장에서 차를 몰고 나가다 다른 주민이 밖에서 차를 몰고 들어오며 밖이 눈으로 난리니 차 몰고 출근하지 말라는 조언을 듣고 바로 포기하고 지하철로 출근했다.

낮에 뉴스를 들으니 야당의 논평을 비롯해서 서울시장 등 지자체 관계자를 힐난하는 목소리, 기상청의 예보 능력을 다시 도마에 올리는 목소리가 주류고, 대통령이 '눈이 오면 지하철 타면 된다'고 했다고 인터넷에서는 대통령이 지하철 타봤냐, 신도림과 교대역에서는 사람에 치어 전진도 못한다는 비난의 글들이 난비했다. 다시 말해서 남의 탓이나 하고 있었다. 언론도 상황 중계나 했지 시민 행동 요령에 대한 가이드를 해주지 못하고 있었다.

내가 보기에 이번 눈은 불가항력적인 상황이다. 모든 제설 인력과 제설 장비를 동원해도 몇 시간 내에 도로를 소통시킬 수 없을 정도의 눈이 왔다. 지구상 어떤 나라도 이런 눈에 대응해서 하루아침에 제설을 할 수 있는 나라는 없다. 이럴 때 미국이나 스위스 같았으면 어떻게 했을까.

내가 미국 근무 시 겪은 경험에 비추어보면 아마도 이렇게 대응했을 것 같다. 전날 저녁부터 내일 아침에 눈 폭풍이 올 것이라면서 TV에서 계속 경고 방송이 나가고 큰 자막으로 계속 'warning'이 뜬다. 아침 6시쯤 초·중학교에 휴교령을 내리고, 연방공무원은 출근하지 않아도 된다는 메시지가 전파되고, TV 자막으로 시민 행동 요령이 계속 뜬다. 절대 자가용 출근하지 마라, 지하철 등 대중교통을 이용하라, 불가피하게 차를 몰더라도 스노우타이어 장착하지 않은 차는 시내에 들어오면 안 된다, 제설 작업에 방해되니 갓길 주차하지 마라, 집 앞의 눈을 빨리 치워라 등.

우리는 시민 행동 요령에 대한 전파가 제대로 되지 않았다. 집 앞이나 상가 앞의 눈도 치우지 않고 5cm가 넘는 눈인데 스노우타이어나 체인도 없이 길거리에 나서 교통을 방해하면서 내가 낸 세금이 아깝다며 왜 정부가 제대로 대응을 못 하냐는 소리만 한다. 그리고 지자체의 비상사태에 대한 매뉴얼이 불비한 것이 아닌가 하는 느낌도 들었다.

각 비상단계마다 언론, 군, 민간업체와의 협조 체계가 불확실한 것 같고 대응 방식이 주먹구구가 아닌가 하는 점이다. 요즈음 같이 검색엔진이 발달한 시대라면 상황에 따른 행동 요령이 바로 바로 출력되어 관계자들이 갖고 있어야 한다고 본다.

즉 눈 20cm라고 입력하면 검색된 행동 요령이 나오는 매뉴얼이 갖춰져야 하고 이 행동 요령을 모든 관계자들이 갖고 일사분란하게 대응한다면 지금보다는 훨씬 효과적으로 상황 대응을 할 수 있을 것으로 생각한다.

2010. 1. 6.

왜 공직자 비리가 계속될까

얼마 전 김두우 청와대 홍보수석이 부산저축은행 브로커 박태규한테 향응과 뇌물을 받은 혐의로 구속되었다. 그리고 몇 달 전에는 공사장 함바 브로커인 유상봉과 친하게 지내던 강희락 전 경찰청장이 뇌물 수수 혐의로 구속되고 임상규 전 농림부장관이 자살했다.

이외에도 많은 고위직들이 부패 행위에 연루되어 불명예스런 일들을 당하고 있다. 그러면 왜 그런 위치에 있는 사람들이 왜 그렇게 쉽게 유혹에 빠질까. 내가 안타깝게 생각하는 것은 그들이 공적인 관계와 사적인 관계를 잘 구분하지 못하고 모든 사람을 좋게 좋게만 보았다는 것이다.

우리 사회가 학연과 지연, 혈연 등 연고주의가 너무 강해서 자기와 같은 영역에 있는 사람은 모든 선의를 가진 것으로 보고 그 밖의 사람은 경계한다는 것이다. 김 수석이나 강 청장이나 임 장관 모두 지연, 학연 관계로 사람들을 소개받았고 그들과 몇 번 만나다보니 정이 들었다. 정이든 사람의 부탁은 스스럼없이 들어주게 되고 또 다른 사람을 소개시켜주고 정이 든 사람이 자꾸 금품을 주려고 하니 몇 번 거절하다 할 수 없이 받게 되고 그러면 죄의식도 없어진다.

브로커들은 이런 과정을 거쳐 친분을 쌓은 사람들의 뇌물 받은 약점을 잡고 갖은 농간을 부리게 된다. 브로커나 로비스트 입장에서는 모든 수단과 방법을 다해서 관계자에게 금품을 줄 수밖에 없다. 금품을 주는 순간 상대편을 잡고 흔들 수 있는 위치에 서게 되고 나중에 문제가 되더라도 사기죄에서 벗어나 낮은 형량을 받을 수 있기 때문에 죽기 살기로 금품을 준다.

받는 사람은 별 생각이 없기 때문에 사생결단으로 뇌물을 주는 사람을 이겨낼 수 없고 임 전 장관의 유서처럼 악마의 덫에 빠지게 된다. 이를 피하기 위한 방법은 물론 고위 공직에 있는 동안 브로커질 하는 사람을 안 만나는 것이다.

하지만 고위직에 있을수록 모임이 많고 안 나가면 건방지다는 소리를 들으니 자신이 판단할 수밖에 없다. 고위직에 취임한 후 제3자를 통해 소개받은 처음 보는 연고자가 살갑게 다가오면 한 번 이상 사적으로 만나지 않는 것이 그나마 현명한 대책일 것이다. 특히 그들이 브로커라면 두 번 이상 만나 친분을 쌓을 필요가 없다.

나도 30년 가까운 공직생활을 하면서 학교 동창이라고 하고 고향 선후배라고 하는 사람들로부터 많은 청탁을 받았고 그들이 누구를 소개시켜 달라고 하면 스스럼없이 소개시켜주었다. 동창회에서 처음 봤는데도 이러이러한 물건이 있고 이러이러한 공사가 있어 누구를 소개해달라고 하면 '그래' 하고 전화해주고 소개해주었다.

그러다가 한 선배한테 '너 걔가 어떤 놈인지나 알고 소개하냐'는 말을 듣고 뜨끔했다. 동창이라고 후배라고 근본도 모르면서 소개하다가 소개받는 사람한테 피해를 줄 수 있다는 것을 그때 뼈저리게 깨달았다.

공직의 고위직 중에 강희락 전 청장이나 임상규 전 장관으로부터 유상봉 함바 브로커를 소개받았다는 사람을 많이 들었다. 윗분들이 소개하니 믿었다가 같이 재판정에 서게 된 고위직도 많다. 그런데 유상봉 씨는 그 많은 혜택을 보았음에도 결국에는 강 청장과 임 장관을 인생의 나락으로 밀어넣었다.

나도 수많은 사람의 전화를 받아 보았고 부탁도 받았다. 지금 생각해 보면 대체로 들어줘서 안 될 것은 없지만 공평에 어긋나는 부탁이 많았다. 하지만 부탁한 사람의 체면도 있고 하니 그쪽으로 손이 갈 수밖에 없었다. 그런데 나도 공직을 떠나고 공공기관의 사람을 만나면서 보니 누군가에게 부탁해서 소개를 받고 가면 대체로 일이 잘 풀리고 소개받지 않고 가면 벌써 태도가 딱딱해서 말을 붙이기가 어려웠다.

결국 연고주의에 따른 사고방식이 바뀌지 않는 한 그리고 사적인 관계와 공적인 관계를 혼동하는 한 정권이 바뀌든 안 바뀌든 고위직 비리는 계속될 것이다.

2011. 10. 10. 인천일보

전문성은 위기에 빛을 발한다

오늘은 천안함의 함미 부분이 인양되는 날이다. 침몰 20여 일 만이다. 선체가 인양되면 사고 원인을 규명하는 작업이 시작될 테고 그동안 여러 매체의 보도를 통해 갖가지 추측이 난무했던 사항 중 무엇이 진실이고 무엇이 유언비어였는지 가려질 것이다.

그동안 바다도 모르고 군함의 성격도 모르면서 마음대로 써갈긴 사람들 때문에 아무 잘못도 없이 여론의 뭇매에 시달렸던 사람이 많았을 것이다.

나도 쓰고 싶은 글, 하고 싶은 말이 있었으나 사고 원인을 정확히 판단할 위치에 없었기 때문에 함부로 펜을 들 수 없었다. 정확한 원인을 모르면 오류에 빠질 수밖에 없다. 과거 서해페리 사고 때에도 언론은 배에 대해 제대로 모르면서 정원 초과로 빠졌다고 섣부르게 결론을 내리는 오류를 범한 적이 있다.

이번처럼 국가 안위에 관련된 사건일수록 차분하게 대응하고 수색 구조 등 수습에 총력을 기울이는 것이 우선이다. 그런데 우리 편의 잘못부터 먼저 지적하며 물어뜯자고 나서는 데야 어이가 없다. 국가적 충격을 주는 대형 사건사고의 대응에 관한 한, 우리는 아직도 촌스러운 수준에 머물러 있다는 생각을 했다.

해군이 우왕좌왕한 건 사실이다. 평시 야간에 군함이 공격받은 미증유의 사태에 누구나 당황할 수밖에 없다. 대응 매뉴얼이 없었다는 것도 결코 간과할 수 없는 문제다. 이런 사태를 예상하지도 못했을 테니까. 앞으로 철저하게 조사해서 책임 소재를 명확히 밝혀야 하고 이런 사태에 기민하게 대응할 수 있는 태세와 매뉴얼을 갖추는 것이 필수적이라는 점을 우리 군도 깨달았을 것이다.

군은 이번 상황을 사고가 아닌 전투로 간주하고 대응했다. 그러다 보니 보안을 우선시하게 되었고 민간과의 협조보다는 스스로 해결하려고 했다. 이해가 간다. 그 상황에서 생존자 58명을 희생 없이 구조한 것도 대단하다.

다만 아쉬운 점은 선박이 침몰하고 승조원이 실종된 상황에서 시간이 생명이므로 민간 인양 전문가와 구난장비를 한시라도 더 빨리 투입해야 했는데 조금 지체했다는 점이다. 이는 최고 결정권자를 지근 거리에서 자문하는 사람 중 이 분야의 전문가가 없었기 때문으로 보인다. 전문가가 제대로 된 정보와 지식으로 결정권자 옆에서 보좌했다면 좀 나았을 것이다.

1985년인가, 부산과 제주를 오가던 동남정보페리가 폭풍우 속에 기관이 정지된 채로 표류할 때 이 사고와 맞닥트린 임상철 사무관이 생각난다. 당시 폭풍우 속에 구명정에 타려던 동아대생 10여 명이 이미 희생된 후였다. 임 사무관은 당시 손수익 교통부 장관 옆에 붙어 동남점보페리는 절대 침몰하지 않으니 퇴선하면 안 된다고 주장했다.

손 장관은 처음 보는 임 사무관에게 "자네 자신 있나"고 물어봤다. 임 사무관은 자신이 최고 전문가라면서 "동남점보페리는 현재 선수와 선미의 차량 출입구가 열려 물이 들어왔다 나갔다 하는 상태일 뿐 절대 침몰하지 않으므로 폭풍우가 잦아들 때까지 견디기만 하면 예인선으로 안전하게 끌어올 수 있다"고 보고했다. 일이 잘못될 경우 임 사무관은 옷을 벗을 수도 있는 상황이었다.

손 장관은 절대 퇴선시키지 말라고 지시하고 상황실에서 나갔다. 이 장면을 내가 목격한 것이고, 동남점보페리는 다음 날 더 이상의 인명 희생 없이 안전하게 예인되었다. 임 사무관의 전문성과 소신, 이를 받아준 상급자의 책임 있는 결정이 더 이상의 사태 악화를 막은 케이스요, 전문성이 사태 수습에서 빛났던 순간이다.

이번 사건에 아쉬운 점은 있지만 군은 최선을 다했다. 국가 방위에 앞장서다 스러진 장병들이 너무나 안타깝고 아깝다. 해운조합은 사고 후 인천의 여객선사와 협의해 백령도를 오가는 민간 구조요원을 무료로 승선시켰고, 인천시와 협의해 실종자 가족들이 무료로 백령도를 오갈 수 있도록 했다. 해군은 우리의 도움 없이도 실종자 가족에게 최대한의 편의를 제공하고 최선을 다해 그들을 돕고 있다.

2010. 4. 15.

2부

인천의 자부심으로

3장
인천의 자부심으로

인천의 밝은 미래를 위해

　인천을 떠난 지 13년 만에 나는 다시 인천으로 돌아와 인천항에서 근무하고 있다. 그동안 인천 앞바다 영종도에는 세계 일류의 국제공항이 들어섰고 다른 한쪽에선 송도국제도시와 청라경제자유구역의 개발이 한창이다. 인천항도 북항이 개발되고 남항에 컨테이너 부두가 확충되는 등 놀라운 발전과 변화가 일어났다. 10여 년 전 두 개밖에 없던 한중 카페리 항로도 10개 항로로 늘어나 있다. 그런데도 웬지 낯설고 이상한 느낌이다.

　우선 인천항 주변 지역에 활기가 너무 없어 보인다. 신포동 쪽은 물론이요, 동인천역, 인천역 주변 할 것 없이 분위기가 삭막하고 사람도 별로 다니지 않으며, 상권도 죽어 있다. 풍년 거지가 더 서럽다고 전 지역이 무섭게 발전하는 인천에서 어떻게 이 지역만 이렇게 소외될 수 있었나 싶기도 하다.

　옛날에는 출근 시간에 전철을 타면 동인천역까지 오는 사람이 많았는데 요즈음은 어떤 때는 주안역을 지나면 승객 수십 명이 족히 탈 수 있는 열차 한 칸에 나 혼자만 덜렁 남아 있는 경우도 있다.

인천을 운항하는 카페리가 기항하는 중국 도시의 항구 주변 지역이 한국과의 카페리가 다닌다는 이유 하나만으로도 번성하는 것과는 너무나도 다른 모습이다.

세계의 어느 항구를 가봐도 바닷가를 따라 이야기가 흐르고 관광객이 흐르고 사람이 흐르고 물자가 흐른다. 물론 여러 가지 볼거리와 노래도 함께 흐른다. 선술집도 흐르고 문화시설이 흐르고 레스토랑도 흐른다. 그리고 돈이 흐른다! 미국 뉴욕이 그렇고 독일 함부르크가 그렇고 상해 · 홍콩 · 싱가포르 · 요코하마 등이 다 마찬가지다. 그렇다면 이제 더 이상 인천은 항구가 아닌가?

목포나 부산이 항구임을 노래하는 친숙한 대중가요가 있고 마산을 노래하는 가곡도 있지만 인천 항구가 부각되는 노래는 잘 떠오르지 않는다. 왜 이런 현상이 벌어진 것일까.

내가 인천항에 다시 와서 예전의 인천과 다르다고 본 것은 무엇보다도 인천을 대표하는 행정기관을 비롯한 공공 기관들이 항구 지역에서 사라져버린 것이다. 과거 인천항 근처에 있던 인천의 간판 행정 기관들인 시청 · 교육청 · 경찰청 · 상공회의소 등이 다 내륙으로 이전해버렸다. 동북아의 물류 허브를 지향하고 국제도시, 진취적인 도시를 만들겠다고 하면서 이처럼 인천의 간판 기관들을 자꾸 국제 물류와는 거리가 먼 내륙으로 들여보낸 지금의 모습에 안타까움과 답답한 느낌을 떨칠 수 없다.

행정 기관들이 서울에 가까워지면 가까워질수록 '항구도시 인천'의 이미지는 퇴색하고 인천은 점점 더 서울의 위성도시로 전락할 것이며, 서울로 출퇴근하는 사람들의 베드타운 역할밖에 할 수 없게 될 것이다.

인천은 환황해권의 중심도시를 지향하고 있다. 여건도 썩 좋은 편이다. 인천은 우리나라 근대사에서 최초의 개항 도시다. 또한 개항 이후 줄곧 우리나라에서 가장 국제적인 도시였다.

지금도 동아시아권을 대표하는 국제도시로 비약할 수 있는 조건을 충분히 갖추고 있다. 만약 인천의 행정 기관들이 재이전할 경우가 생긴다면, 반드시 다시 바닷가로 옮겨와서 국제도시의 발판을 마련해줘야 할 것이다.

인천항이 차지하는 인천 지역 전체의 부가가치 기여도는 35%에 달하고, 컨테이너 부두는 매년 20% 이상 물동량이 증가하고 있다. 그런가 하면 우리나라 대북 화물의 95%를, 대중국 화물의 60%를 인천항이 취급한다. 올해 신항 개발공사도 착공할 예정이며 우리는 인천항을 2015년까지 세계 50위권의 환황해권 거점항만으로 육성할 계획이다. 따라서 인천은 어디에 내놓아도 부끄럽지 않은 항구 도시다.

앞으로 동북아 물류 중심도시로서의 인천의 역동성과 활력을 회복하기 위해서는 정부와 지역 기관 · 단체뿐만 아니라 인천 시민 모두의 적극적인 지원과 애정 그리고 전폭적인 지원이 있어야 할 것이다.

2007. 3. 27. 인천일보

국제여객부두 건설 기대감

88서울올림픽이 열리던 해 우리 인천항은 비상이 걸렸다. 당시로서는 수교는커녕 적성국 관계에 있던 소련 선수단이 서울의 올림픽 선수촌에 머물지 않고 인천항 제2부두에 정박한 자국 여객선에서 먹고 자겠다고 고집을 피웠기 때문이다.

당시 인천 내항에는 국제여객선 부두가 없었기 때문에 불편한 대로 문제의 여객선을 화물부두에 정박시키고 선수단의 출입국 관리와 통관을 위해 임시로 가건물을 급조한 바 있다. 이렇게 급조한 가건물은 올림픽이 끝난 후 한동안 방치되다가 1990년 한국과 중국 간에 최초로 카페리가 취항할 때 대강 수리해서 국제여객터미널로 사용하기 시작했다.

그러다 보니 여객들은 먼지 날리는 화물부두에서 대형 트럭들이 오가는 사이에서 버스를 타고 다닐 수밖에 없었다. 통관 시설도 턱없이 부족해서 마지막 승객이 통관 절차를 마치는 데까지는 10시간씩 걸리는 게 보통이었다. 후진국도 그런 후진국이 없었다. 이런 날림시설을 조금씩 확장, 수리해나가다 개축한 게 바로 지금의 제2국제여객터미널이다.

나는 지금도 제2국제여객터미널을 이용하는 승객들에게는 부끄러워서 얼굴을 들 수가 없다.

이것이 어떻게 세계 11대 경제대국인 대한민국 수도 서울의 관문이자 동북아의 허브를 지향하는 인천항의 국제여객부두라 할 수 있겠는가. 현재 인천과 중국 사이에는 10개의 국제 카페리(여객선) 항로가 운항되고 있고 연간 이용객이 90여 만 명에 이르며 그 숫자도 매년 20%씩 증가하고 있다.

앞으로 중국 수학여행 학생들의 무비자 입국까지 허용되면 그 증가 속도는 더 가파른 상승 곡선을 그리게 될 것이다. 그리고 인천에 카페리 취항을 희망하는 중국 도시들이 줄을 서 있어 중국~인천 항로는 앞으로도 계속 확대될 것이다. 이러한 수요의 증가는 필연적으로 운항 선박의 대형화와 효율성을 높일 수 있는 집단화를 요구한다.

그런데 현재의 인천항은 그 어떤 미래의 요구에도 대응할 태세를 갖추고 있지 못한 것으로 보인다. 어떤 페리는 연안부두에서, 또 다른 페리는 내항에서 승·하선해야 한다. 터미널도 연안부두가 제1터미널, 내항이 제2터미널로 나뉘어 있어 명색이 인천항 전문가인 나조차 헷갈릴 정도고, 통관·검역 관련 기관들의 이중 운영 등 낭비는 이루 말할 수 없다.

특히 제2국제여객터미널의 경우 갑문을 통과해야 배를 접안할 수 있는 항구시설로 여객 및 화물의 증가에 따른 여객선의 대형화 추세에 부응할 수 없는데다 안개 같은 날씨의 영향을 많이 받아 출항 통제가 잦다. 당연하게도 승객 불편이 극심한 실정이다.

인천국제공항 못잖아야 할 국제여객터미널이 이런 식으로 관리 운영된

인천항을 방문하는 여행객들이 초고층 마천루와 최신 시설의 국제여객터미널을 보며 "페이창하오", "페이창메이"가 절로 나오는 날이 빨리 오길 기대한다. 사진은 대만의 101층 타워.

다는 사실은 솔직히 말해 우리의 감추고 싶은 치부다. 국제 페리나 크루즈선을 타고 입항하면서 '참 도시가 아름답고 항구가 잘 정돈돼 있고 여객시설도 편리하구나' 하는 첫 인상을 강렬하게 심어줄 수 있는 국제여객부두를 인천은 가질 수 없을까.

인천공항 같은 시설은 언감생심 꿈도 꾸지 않는다. 하지만 최소한 세계를 유람하는 크루즈선이 편리하게 접안할 수 있고 연배가 높은 승객들이 불편 없이 승·하선할 수 있는 국제여객부두 하나쯤은 가져야 그래도 대한민국 동북아 허브로서 인천항의 체면이 서지 않겠는가.

해양수산부는 전국 무역항 항만기본계획과 인천항 종합발전계획에서

2011년까지 인천대교 옆 남항 지역에 여객선 및 크루즈선 9척을 동시에 정박시킬 수 있는 국제여객터미널 계획을 확정 발표했다. 국비와 민자를 합쳐 총 8천억 원이 투자되는 계획이다.

하지만 이 계획과 관련해서 현재의 국제여객터미널 이전에 대해 일부 우려의 목소리가 존재하고 있는 것으로 알고 있다. 우리는 터미널 이전에 따른 부정적 효과가 없도록 제1국제여객터미널은 연안여객 전용 터미널로 전환하고, 제2국제여객터미널은 항만과 도심 기능이 조화된 친수 공간 또는 물류센터로 재개발을 추진, 지역경제 활성화에 기여하도록 할 계획이다.

최근 싱가포르, 말레이시아, 일본 등은 크루즈 운송시장이 가져다주는 기회를 최대한 향유하고자 크루즈 터미널 시설을 확충하고 있다. 중국 상하이도 최대 크루즈선이 기항할 수 있는 최장 선석을 보유한 터미널 건설을 계획하고 있다.

우리가 추진하는 국제여객부두 건설에는 족히 4~5년이 걸린다. 지금부터 시작해도 한참 늦어지는 셈이다. 나는 인천을 방문하는 해상 여객들이 송도의 151층 마천루를 멀리 바라보며 우아한 자태의 인천대교를 지나 최고 시설의 여객터미널에 안착한 뒤 질 좋은 서비스를 받는 모습을 상상하면서 인천의 밝은 미래를 그려본다. 그들의 입에서 '원더풀'과 '페이창하오', '페이창메이'가 절로 나와야 한다.

미래의 국제도시 인천, 시민들의 단합된 지원을 기대한다.

2007. 4. 16. 인천일보

민자유치가 최선인가

용인 경전철과 김해 경전철 등 민간투자 사업으로 완공된 각종 교통시설에 대한 재정 부담 때문에 관련 지자체들이 난리가 났다. 대부분의 경우 계획 당시 관련 지자체의 무리한 욕심으로 추진했던 민자 유치가 결국 탈을 낸 것이다.

민간투자 사업자들은 사업을 추진하기 위하여 교통 수요를 부풀릴 수밖에 없고, 관련 용역 기관도 지자체와 민자 사업자의 입맛에 맞도록 교통 수요 결과를 도출해낼 수밖에 없으니 그 위험성은 쉽게 예상할 수 있었다.

지금부터 수 년 전에 시작된 대부분의 민간투자 사업은 최소 운영수입 보장 비율이 90%였다. 즉 계획 교통 수요보다 승객이 모자라면 90%까지 모자라는 부분의 손실을 관련 지자체가 보전해주는 방식이다.

그러니 용인은 사업자에게 매년 2천억 이상, 김해는 1천억 이상을 보전해줘야 할 판이다. 이에 분노한 시민과 시의회가 감사원에 감사 청구를 하겠다고 나서는 모양이다. 김해 경전철의 경우 이미 초창기인 2005년에 김해지역구 최철국 의원이 문제를 제기해 감사 청구를 한 적이 있다.

감사원은 감사 후 최소 운영수입 보장비율 90%는 과다하다고 이를 낮출 것을 권고하는 감사 보고를 하고는 슬그머니 발을 뺐고, 해당 민자 사업자는 정부가 한번 계약서에 사인해놓고 무슨 소리냐고 협상에 응하지도 않았다.

당시 부산과 김해시에 확인하니 80% 이하면 받아들일 수 있다고 해서 건교부장관의 승인을 받고 민자 사업자인 포스코건설과 현대산업개발 부사장을 일대일로 만나 "만약 76%를 받지 않으면 다시는 건교부와 사업이 없다"고 위협해 겨우 78%로 재계약한 적이 있다. 그것으로 2천억 이상을 절감했는데 그래도 매년 1천억 이상을 보전해주어야 한다니 '최소 운영수입 보장'의 아이러니다.

지자체들은 부당한 계약이라고 할지 몰라도 스스로 타당하다고 판단해서 추진한 것이니 계약은 계약이고 재정 부담을 피할 수 없다고 본다.

민자 유치에 따르는 이러한 위험성 때문에 시간이 걸리더라도 중앙정부의 예산을 받으려 하고 정치적 영향력을 이용해 각 지역이 국비 사업을 추진하고 있다. 정치적 영향력이 있는 지역의 경우 민자보다는 국비로 사회간접자본 시설을 건설함으로써 주민들의 부담을 줄이고 있다.

문학터널이나 만월산터널의 이용료가 수십배 규모의 광안대교 이용료와 비슷한 것은 같은 민자 사업이라도 국비를 얼마나 지원받았는지의 차이 때문이다. 용인이나 김해 경전철이 국비 지원을 많이 받았다면 지금의 재정 부담은 그리 심하지 않았을 것이다.

국비 사업이라고 꼭 경제성 평가대로만 되는 것도 아니다. 대구 지하철 3호선의 경우 KDI 예비타당성 조사 결과 경제성이 현저히 떨어져 예산

배정이 되지 않는 사업임에도 2005년 대구 동구 국회의원 보궐선거 때문에 반영되었다.

당시 이강철 시민사회수석이 열린우리당 후보였고 그는 출마 기자회견에서 대구 지하철 3호선 착공을 약속했다. 기획예산처는 무리하게 예산을 반영할 수밖에 없었고 대구는 몇 년 먼저 지하철을 건설할 수 있었으나 그 결과는 용인이나 마찬가지로 운영하면 할수록 적자가 발생해 대구시에 부담을 줄 것이다.

최근 지자체의 채무 규모가 이슈화되면서 지자체의 각종 투자가 신중해지고 있다. 재정자립도가 90% 이상인 서울을 제외하고 모든 지자체는 중앙정부의 예산 확보에 치열해야 하고 투자사업의 경제성을 철저히 따져야 재정 부담의 충격을 사전에 예방할 수 있다.

예를 들어 인천 서구에 건설하려는 아시안게임 주경기장은 국비의 지원이 없다면 절대로 건설해서는 안 되는 사업이라고 본다. 인천시는 중앙정부의 동의 없이 아시안게임을 유치한 원죄가 있기 때문에 중앙정부에서 예산을 확보하기가 어려울 수밖에 없다. 서구에 건설되는 경기장은 아시안게임이 끝나더라도 지속적으로 재정에 압박을 가져올 것이다. 올림픽과 아시안게임을 개최한 잠실운동장이 아직도 적자를 면치 못하는 것을 보면 자명하다.

그렇다면 시 재정에 부담을 주면서까지 주경기장을 새로 지어야 하나. 아니면 문학경기장을 쓰거나 지난번 아시안게임을 개최한 광저우가 강변에 임시 시설로 개회식을 멋지게 한 것처럼 송도의 유휴매립지에 임시 개폐회 식장을 마련해 사용하는 것이 훨씬 경제적일 것이라고 생각한다.

인천경제자유구역을 세계에 홍보하는 것을 겸할 테니 일석이조 아닌가.

2011. 11. 11. 인천일보

그 많던 꽃게는 어디로 갔나

얼마 전 백령도와 대청도에 다녀왔다. 육지와 멀리 떨어져 있고 북한 장산곶을 지척에 둔 곳이라 정부의 특별 지원이 필요할 텐데, 실제 가보니 예상했던 것보다 심각하게 정책의 중심에서 소외된 것 같다는 느낌을 받았다. 백령도를 방문한 것은 남북한의 해상 경계인 NLL 주변에 얼마나 많은 중국 어선들이 조업하고 있는가를 관찰하기 위해서였는데, 중국 배가 별로 보이지 않았다. 주민들에 따르면 이 지역 어획 실적이 요즈음 워낙 좋지 않아 중국 배들도 많이 줄었다고 한다.

얼마 전만 해도 연평도 인근에서도 NLL을 따라 수백 척의 중국 어선들이 수산자원을 싹쓸이 했다고 하는데 그곳도 백령 인근과 마찬가지로 중국 어선 숫자가 현저히 줄었다고 한다. 이것은 곰곰이 생각해보면 중국 어선들도 수지를 맞추지 못할 정도로 어족 자원이 고갈되었다는 것을 뜻하니 우리 어민들이 겪는 고통은 이루 말할 수 없을 것이다.

연평도 지역의 경우 꽃게 성어철인 지난 5, 6월, 이 지역에서 잡힌 꽃게 어획량은 가장 많이 잡히던 시기인 2002년과 비교해보면 20분의 1밖에 안 된다. 이러니 꽃게 값이 천정부지로 뛰고 소비자들은 '꽃게가 금게가 되었다'고 푸념하고 어민들은 막상 출어해도 기름 값과 선원 인건비도 건지지 못하니 포구에 배를 묶어놓을 수밖에 없다.

어떻게 어민, 선주, 선원, 지자체 등 모두를 불행에 빠트리는 이러한 현상이 찾아왔을까. 어민들에게 물어보았다. 어민들은 꽃게 자원 감소 원인으로 중국 어선 및 국내 어선에 의한 남획 및 연안에서의 어린 꽃게에 대한 무차별적인 어획을 가장 큰 요인으로 꼽았다. 그 다음으로는 국내 인천 앞바다 및 북한 해주 앞바다의 모래 채취로 인한 꽃게 서식환경 파괴를 또 다른 주요 원인으로 꼽았다.

물론 어민들 말대로 중국 어선의 싹쓸이 조업과 해사 채취가 하나의 원인일 수는 있을 것이다. 그러나 이것은 자신의 허물은 묻어버리고 남의 탓만 하는 잘못된 주장이라는 생각이 머리를 스쳤다. 나는 우리 어민들의 어업 행태와 환경보호 의식의 결여가 오늘날 꽃게가 사라진 결과를 가져왔다고 보고 있다.

일부 어민들은 조상이 물려준 황금 바다에서 고기가 어리거나 알을 품었거나 상관하지 않고 닥치는 대로 잡아내고 그것도 모자라 폐그물을 바다에 버리기까지 했다. 현재 연평 바다 밑은 어민들이 버린 통발, 폐그물 등으로 꽃게들이 살 수 없는 환경이 되고 말았다. 특히 버려진 통발은 꽃게가 한번 들어가면 결코 빠져 나오지 못하는 그야말로 '꽃게 무덤'이 되어가고 있다.

육지에서 세상이 그물로 덮여버린다면 생명체가 살 수 있을까. 마찬가지로 그물로 뒤덮인 바다 속에서 꽃게가 자손을 번식하며 살아갈 수는 없을 것이다. 연평어장을 다시 꽃게들의 천국으로 만들려면 대대적인 바다 밑 청소를 통해 폐그물과 쓰레기를 걷어내는 길밖에 없으나 그 비용은 천문학적이다. 그래도 정부는 지속적으로 바다 청소를 해나갈 것이다. 그러나 지금과 같은 어민들의 행태가 계속된다면 돈은 돈대로 들어가고 꽃게는 영원히 우리 곁으로 돌아오지 않을 수도 있다.

꽃게는 빨리 성장하고 다량의 난을 생산하는 종으로서 효율적으로 관리만 한다면 조속한 자원 회복을 기대할 수 있다. 수명이 3년인 꽃게는 반년만 자라면 어획이 가능하고 한 마리의 산란수도 80만 개에서 100만 개에 이르러 서식 환경의 보호에 조금만 노력한다면 꼭 돌아올 것이다.

바다를 일터로 삼는 사람들이 스스로 자기 일터를 보존하는 데 마음을 쓰고 노력한다면 불가능한 일도 아니다. 나는 어민을 비롯한 우리 모두가 바다를 아끼고 사랑한다면 꽃게 자원이 회복되어 풍요로운 어촌이 되고 꽃게가 인천의 명물로 다시 자리잡게 될 것이라고 확신한다.

2007. 7. 5. 기호일보

대불산단 전봇대와 인천항

　이명박 대통령 당선인이 공직자 복지부동의 사례로 대불국가산업단지(이하 '대불산단')*의 전봇대를 언급한 이후로 산자부, 한전, 전남도 등에서 많은 관계자들이 대불산단을 방문하고 있다고 한다.

　대통령 당선인의 관심으로 이 전봇대 문제는 3m 정도 옮기는 임시방편적 조치로 최우선적으로 해결됐다. 하지만 선박블록의 이동을 방해했던 전봇대는 기업 친화적이지 못한 행정의 상징으로 남았다. 많은 매체들은 뒤늦게 부산을 떤다고 관련 공무원들을 비난하고 있지만 나는 그들에 대한 무조건적인 비난에 동의하지 않는다.

---

*대불산단은 목포권 경제를 발전시키기 위해 전남 영암군 산호읍에 조성되었으며 1996년 12월 완공되었음. 입주업체들은 비좁은 도로와 전봇대 등으로 대형선박블록의 운송 등에 어려움을 느껴 전선 지중화 등 여러 차례 민원을 제기했으나 받아들여지지 않았음(편집자 주).

대불산단의 전선 지중화 공사는 중앙정부와 지방정부가 50%씩 부담하는 일명 매칭펀드 사업이다. 이 경우 중앙정부가 돈을 내려줘도 재정 자립도가 빈약한 전남도나 영암군이 자체 예산을 확보하지 못하면 그 사업은 실행되기 어렵다.

　만약 중앙정부 예산만 집행하고 지방정부 예산을 집행하지 않는다면 이듬해 사업 연도에 중앙정부 예산마저 내려오지 않기 때문에 연차사업이 도중에 중단되는 수밖에 없다.

　중앙이나 지방의 실무자들이 이리 뛰고 저리 뛰고 해봤자 시스템 자체가 그러니 어쩔 수 없다. 그렇다고 매칭펀드 사업이 한두 군데도 아니고 모든 지자체가 중앙정부 예산을 원하는 상황에서 영암군에만 특별 대우할 수도 없는 노릇이다. 물론 방법이 전혀 없는 건 아니다. 지금처럼 최고위층에서 관심을 가진다면 특별예산이 배정될 것이다.

　그리고 또 하나. 중앙정부가 연차 공사비를 한꺼번에 총공사비로 배정해주고 신속히 공사를 마친 후 지방정부가 몇 년에 걸쳐 되갚아나가는 방식이 있지만 이 경우 대단히 힘있는 정치인이 중앙·지방 정부 간에 중개를 해줘야 하는데 역시 쉽지 않은 문제다.

　영암군의 사정 또한 만만치 않다. 즉 다른 예산을 다 줄여가며 전선 지중화 공사를 하기에도 재정 자립도가 너무 낮다.

　결국 문제의 핵심 원인은 산단 조성 초기부터 해야 할 사업을 산단 조성 후 매칭펀드 사업으로 남겨놓았다는 데 있다. 실무 공무원들이 해결할 수 없는 문제를 가지고 그들을 비난할 수는 없다. 그들이 문제점을 적시하는 것마저 해태했다면 그것은 비난받아야 하지만 그렇지 않다면 이 문제의 해결은 정치권이나 고위급의 몫이다.

내가 건설교통부 국장으로 근무시 내 업무 중에 전국 주요 도시의 지하철 건설 운영 업무가 있었다. 당시 지하철역마다 노약자들을 위한 엘리베이터 설치 사업을 3년간 매칭펀드 사업으로 추진하기로 하고 각 시에 1년치 예산 중앙정부 몫 50%를 배정했다.

그런데 나중에 결과를 보니 재미있는 현상을 발견할 수 있었다. 서울시는 1년차 예산만 받았는데도 3년치 공사를 다 끝내버렸다. 부산시는 중앙정부 예산 50%에 지방정부 예산 50%를 합쳐 1년치 공사를 끝냈고, 인천시는 지방정부 예산은 투입하지 않은 채 중앙정부 예산 50%만 집행해서 공사를 끝냈다.

'그런 식으로 하면 내년 예산은 없다'고 인천시 지하철 건설본부장에게 엄포를 놓은 기억이 난다. 당시 서울시 지하철 건설본부장에게 들은 얘긴데, 서울시장이 노약자 엘리베이터 사업이 시민들에게 아주 필요한 사업이니 다른 예산을 끌어서라도 우선해서 집행하라고 해서 사업을 끝냈다고 한다.

사업이 끝났다고 중앙정부가 2년차, 3년차 예산을 주지 않는 것도 아니니 그 예산을 다른 데 쓰면 된다는 것이었다. 물론 서울시 재정자립도가 워낙 좋으니 다른 지자체보다 좋은 여건을 갖고 있었던 것은 사실이지만 당시 서울시장이었던 이명박 당선인의 사고를 엿볼 수 있는 대목이었다. 결국 우선순위를 결정할 수 있는 관계자들이 판단을 해줘야지 권한 없는 실무자들을 비난해서는 안 된다고 본다.

인천은 얼마 전에 인천신항 건설의 첫 삽을 떴다. 우리나라 많은 곳에서 항만 건설이 이뤄지고 있지만 수요가 넘치는 곳은 인천이 유일하다.

그런데도 당장 항만이 필요한 인천이나 그렇지 않은 지역이나 예산 확보에 있어 차별을 두지 않는 것 같다. 앞으로 신정부의 정책 결정자들이 당장의 수요를 보는 현명한 시각을 가지고 예산의 우선순위를 정해 인천 신항 건설에 많은 예산을 배정해주기를 기대한다.

2008. 1. 24. 인천일보

태안으로 달려가자

　지난 주말 직원들과 함께 '꽃과 바다의 고장' 태안에 자원봉사를 다녀왔다. 태안의 처참한 모습에 눈물짓는 직원이 적지 않았고 한숨이 절로 나왔다.

　지난 달 샌프란시스코 금문교와 충돌한 선박의 기름 유출량 220톤만으로도 캘리포니아 주지사가 비상사태를 선포했는데 태안의 원유 유출량은 그 50배인 1만 톤이 넘으니 그 피해 규모는 상상을 초월할 것이다.

　이번 원유 유출 사고와 관련해서 이해할 수 없는 많은 일들이 발생했다. 운항 수칙과 교신 수칙을 지키지 않은 삼성중공업의 예부선* 선원들, 나태하기 그지없었던 유조선 선원들, 풍랑주의보 속에 그 큰 크레인을 끌고가다니….

＊예부선: 각종 설비 · 장치를 운반하는 특수선(편집자 주).

충돌 상황을 돌이켜보면서 인적 과실을 나열할수록 끝이 없다. 그리고 사고 후 미숙한 초동 대응과 훈련이 덜 된 방제 관계자들, 특히 기름이 흘러내리던 48시간 동안 임기응변이나 비상조치 없이 매뉴얼대로만 움직이다니, 기름 확산 규모와 속도를 제대로 예측도 못 하고….

하지만 이런 지적과 비난은 지금 급한 일이 아니다. 수없이 많은 미디어들이 관계당국을 질책하고 비난하고 있다. 그러나 비난만 하는 것은 쉽다. 실제 현장에서 상황에 대처하는 사람들은 정말 어렵다. 지금은 그들을 도와줘야 한다. 무엇보다 급한 것은 우리가 태안으로 달려가는 것이다.

비난 대신 조그만 힘이라도 보태야 하는 상황이다.

만리포처럼 유명한 지역 백사장에 10cm 이상 엉겨 붙었던 원유 찌꺼기는 상당 부분 제거됐지만, 사람이 잘 찾지 않은 곳에 엉겨 붙은 기름들은 사람의 손이 미치지 못해 엄청난 규모로 남아 있다. 수많은 주민들과 자원봉사자들이 하루 온종일 주저앉아서 바위에 붙은 기름을 닦고 있는데도 워낙 양이 많으니 저 기름을 다 닦아내는 데 1년이 걸릴지 2년이 걸릴지 기약할 수 없다. 정말 손이 모자란다. 한 가지 분명한 것은 저 원유 찌꺼기들을 다 닦아내지 않는 한 절대 태안의 생태계는 예전의 모습으로 다시 돌아오지 않는다는 것이다.

원유가 자랑하는 생태 파괴의 위력은 사람들의 정성으로만 극복될 수 있다. 액손 발데스호가 5만 톤의 원유 유출사고를 일으킨 알래스카의 경우 20년이 지난 지금까지도 그 많던 청어가 되돌아오지 않는 걸 보면 태안의 생태계 회복도 10년이 걸릴지 30년이 걸릴지 알 수 없다. 그러니 지금 태안으로 달려가자.

태안 유류사고 현장으로 달려가 자원봉사 활동에 참가했다.

　홍청망청한 송년회 대신 그 비용을 아껴 태안으로 달려가서 태안 주민들과 눈물을 같이 하고 바위의 원유 찌꺼기를 닦자. 태안을 다녀온 것과 다녀오지 않는 것은 많은 차이가 있다. 태안을 다녀오면 자연에 대한 고마움을 재삼재사 느끼게 된다. 곧 방학을 맞이하는 아이들을 태안으로 데려가서 자원봉사를 하게 하자. 아이들이 태안의 처절한 사투를 경험하는 것은 어느 것하고도 바꿀 수 없는 산교육이 될 것이다.

자연과 나라와 국토를 사랑하는 마음을 저절로 피어나게 할 수 있다. 직장인들도 동호인들도 모임을 태안에서 기름 닦는 것으로 하자. 그래서 하루라도 빨리 태안의 백사장이 바위들이 양식장이 본래의 모습으로 돌아오게 하자.

태안이 본래의 모습으로 돌아오는 데는 상당한 시간이 필요할 것이다. 그러나 언젠가 태안에서 기름 냄새가 나지 않을 때 대한민국을 사랑하는 국민의 한 사람으로서 우리가 우리 손으로 태안의 원유를 닦아내는 데 참여했다는 자부심을 갖도록 하자.

2007. 12. 18. 인천일보

안흥 어촌계장님께!

양풍구 안흥 어촌계장님께!

어촌계장님, 그리고 안흥 어촌 주민 여러분 모두 건강히 잘 계신지요? 한국해운조합 정유섭 이사장입니다.

먼저 안흥 어촌계를 방문하였을 때 저를 포함한 직원 모두를 반갑게 맞아주신 주민 여러분께 다시 한번 감사 인사를 드립니다. 유류 오염 피해 지역 복구로 매우 바쁘신 와중에도 주민 모두가 반가운 얼굴로 저희를 맞아주시던 모습이 아직도 눈에 선합니다.

저를 비롯한 우리 조합 직원들은 이번에 어촌계를 방문하면서 지난해 12월 유류 오염 사고로 얼룩지고 기름 냄새 가득하던 서해안이 짭짤한 갯내를 간직한 아름다운 바다로 제 모습을 찾아가는 것을 보며 기쁜 마음과 함께 진한 감동을 느꼈습니다.

그러나 한편으로는 주민 여러분이 아름다운 바다의 모습을 되돌리기 위해 많은 어려움을 겪는 동안 큰 도움을 드리지 못한 것에 대해 죄송한 마음이 들었습니다. 아직도 모래, 바위틈 사이에 남아 있는 기름 찌꺼기들을 닦아내느라 생활이 어렵다는 말씀에 저절로 고개가 숙여졌습니다.

이번에 여러분과 1사1촌이라는 소중한 인연을 맺게 됐습니다. 앞으로 꾸준히 다양한 교류를 이어가고 싶습니다. 서해안이 우리 모두가 안정과 휴식을 얻을 수 있는 아름다운 바다의 모습을 영원히 간직할 수 있도록, 그리고 예전의 활기찬 모습으로 돌아올 수 있도록 힘 닿는 데까지 지원을 아끼지 않겠습니다.

지난번 행사를 마치고 바닷가 횟집에서 아름다운 태안 앞바다를 바라보면서 주민들과 함께한 생선회 파티는 지금도 입에 군침이 돌 만큼 기억이 생생합니다. 머지않은 장래에 많은 관광객들이 안흥 어촌을 다시 찾아 저희들처럼 바닷가 횟집들에서 싱싱한 회를 즐기고 어촌 관광을 하게 되면 마을에는 다시 웃음과 생기가 넘치게 될 것입니다.

다시 뵙는 날까지 용기 잃지 마시고, 새봄에 주민 모두의 가정에 건강과 행복이 가득하기를 바랍니다.

2008. 4. 7. 문화일보

영종대교 유감

영종대교로 이어지는 인천공항고속도로 통행료에 반발하는 영종도 주민들의 항의 시위가 인천공항 톨게이트에서 벌어지는 광경을 신문지상을 통해서 주기적으로 접하고 있다.

항의 시위라고 해봤자 통행료 전액을 동전으로 내는 건데, 어떻게 보면 시위치고는 참 소박한 시위라 할 수 있겠다. 그러나 시위 참가자보다는 동원된 경찰이 항상 많은 걸 보면 공항고속도로 마비의 중대성을 인지한 정부가 시위를 절대 용인할 수 없다는 의지를 보이는 것이라 하겠다.

하지만 경찰력으로 시위만 막는다고 인천공항고속도로의 모순을 해결할 수 있을까. 애초부터 국가의 관문인 공항 연결도로를 민자 사업으로 결정한 것부터가 잘못됐다는 사실을 이젠 웬만한 국민들도 다 아는 사실이 됐다.

당시 국고가 부족해서 어쩔 수 없었다는 변명을 하곤 하지만 하루에 차

몇 대도 다니지 않는 지방에 국도를 뻥뻥 뚫어놓고, 주민이 몇 백 명도 살지 않는 섬에 정부 예산으로 다리를 놓고, 어선도 몇 척 없는 곳에 어항을 짓고, 수천억 원을 쏟아 부어 건설한 항만에 배가 제대로 들어오지 않는 것을 보면 국고가 없었단 얘기는 진짜 변명으로 들린다. 우선순위에서 타 지역에 밀렸다고 말한다면, 이 또한 공항의 중요성을 망각한 것이다.

부산 광안리 앞바다는 아름다운 광안대교가 가로지르고 있다. 중앙정부는 부산 광안대교 건설에 전체의 50% 가까운 예산을 지원했다. 그래서 광안대교 통행료는 몇 백 원에 불과하다. 부산의 북항대교, 명지대교 건설도 중앙정부가 지원을 한다. 진도대교, 돌산대교 등 수많은 연륙교들도 전부 국고로 건설돼 통행료가 없다.

그런데 유독 영종대교만 민자로 건설했다는 건 이해하기 어렵다. 대부분의 선진국들도 신공항을 지으면 예외 없이 연결 고속도로를 건설한다. 대체로 이용료는 무료이거나 1-2달러 정도였던 것으로 기억한다. 나 또한 여러 나라의 좋다는 국제공항은 웬만큼 이용해봤지만, 민자로 건설한 뒤 민간 기업에게 도로를 운영하라고 하는 공항은 보지 못한 것 같다. 국민들 한 사람 한 사람이 7천 원이 넘는 이용료를 내는 데도 공항고속도로 주식회사는 적자가 난다고 하며 매년 1천억 원 이상씩을 정부로부터 받아 간다. 도대체 이런 모순이 또 있을까.

지금 와서 최초 공사비 산정이 잘못됐다느니 운영수입 보장비율이 너무 높았다느니 시비곡직을 따지는 건 아무 의미가 없다. 이미 벌어진 일이고 그때 결정했던 사람들은 지금은 어디에 가 있는지도 모른다. 그러면 7천 원도 넘는 공항고속도로 이용료를 지금처럼 놔두고 매년 정기적으로 인상하는 게 국가 경쟁력 향상에 도움이 될까. 경쟁력 강화를 위한 특단의 방책은 없을까.

영종대교는 인천경제자유구역에 포함돼 있다. 경제자유구역을 활성화 시키겠다는 것은 국가의 중요한 시책이다. 그런데도 경제자유구역을 연결하는 기초적인 기반시설의 이용료가 이처럼 비싸다면 그 경제자유구역이 글로벌 경쟁력을 갖추어 세계로 도약할 수 있을까. 의문이다.

내 생각으론 지금이라도 중앙정부가 공항고속도로 지분의 반 이상을 매입해야 한다고 본다. 만약 예산이 없다면 채권을 발행해서라도 재원을 마련해 지분을 사들이고 통행료를 낮춰줘야 한다.

BTL, BLT 사업의 경우 정부는 우선 건설부터 먼저 해놓고 정부 예산에서 매년 리스료를 확보해 갚아 나가고 있다. 그런 유사한 개념을 원용해서라도 인천공항 통행료는 낮춰줘야 한다. 그게 지금이라도 인천공항고속도로의 모순을 해결하고 인천경제자유구역의 발전을 촉진하는 길이 될 것이다.

영종도에서 근무하는 공공기관 직원들도 결국 중앙정부가 결자해지 측면에서 지분을 사줘야 한다는 의견이 다수다.

2007. 11. 22. 인천일보

영종도 자기부상열차와 경제논리

지난 8월 초 영종도에서 자기부상열차 시범사업 기공식이 있었다. 몇 년 전 자기부상열차 실용화사업을 해야 하느냐 마느냐 여부를 논의했던 사람으로서 새삼스러운 감회를 느끼면서 자기부상열차의 성공을 기원하고 있다.

5년 전 가을 건설교통부는 자기부상열차 실용화 사업을 하지 않기로 했다. 나는 담당 국장이었다. 과학기술부 주도로 자기부상열차 기술이 개발되었지만 그 수준이 불안한 상태로 보였고 실제로 일본 이외에는 그 기술을 철도에 적용한 나라가 없어 믿음이 가지 않았다.

당시 자기부상열차의 무게가 너무 무거워 단기간 내에 중량을 줄일 수 있을지 의심스러웠다. 기술적으로 완벽한지 안전성에 문제가 없는지도 과기부와 건교부의 입장은 달랐다. 차라리 그 돈을 다른 기반시설 건설에 투입하는 것이 낫다는 의견이 건교부 관련 실국장 회의에서 제시되었다.

자기부상열차는 일본 외에 다른 선진국 몇 개국이 먼저 실용화 사업을 한 이후에 해도 늦지 않다는 주장이 대부분이었다. 건교부 장관도 그 의견에 동의했고 자기부상열차 실용화 시범사업은 포기하기로 결론지었다.

얼마 후 당시 과학기술부 장관이던 오명 장관이 건교부 담당 국장인 나를 만나자고 연락을 하셨다. 바로 과학기술부 장관실로 갔다. 오 장관은 국가경제 발전에 담당 국장의 책임 있는 역할이 얼마나 중요한가를 역설하셨고 자기의 경험을 피력하셨다.

십수 년 전 자신이 체신부 차관 시절 모든 사람이 시기상조라던 전자식 교환기 도입을 결정함으로써 지금과 같은 정보통신 산업 발전의 기초를 닦을 수 있었다며, 자기부상열차도 미래 철도기술의 총아가 될 것이기 때문에 지금 실용화 사업을 해야 다른 국가들을 앞설 수 있다고 강조하셨다. 타 부처 장관이 다른 부처 국장을 불러 설득하는 것도 신선한 경험이었고 그 열정도 대단하셨다.

오명 장관을 만난 후 당시 추병직 건설교통부 장관에게 오 장관의 논리를 보고했다. 장관 주재로 관련 실·국장 회의를 다시 소집해 치열한 논쟁을 전개했다. 나는 오명 장관의 논리를 피력했고 추 장관은 내 입장에 손을 들어주셨다. 그리하여 자기부상열차 실용화 시범사업을 하기로 번복 결정했다.

당시는 대전 지역이 가장 유력한 후보지였다고 보았는데 인천시가 그 후 준비를 잘했는지 후보지 경쟁에서 승리하여 시범사업 지역으로 선정되었으니 나로서는 고마운 일이다. 나는 그해 일본 아이치 박람회 현장에서 자기부상열차가 실제 운용되는 것을 직접 보았고 승차감, 소음도 등에서 우수한 열차라는 것을 인정할 수 있었다.

물론 당시 논의에서도 언젠가는 자기부상열차를 도입해야 한다는 필연

성에 이의를 제기하는 사람은 없었다. 반론의 핵심은 우선순위를 따질 때 자기부상열차 시범사업보다 시급한 사업도 많은데 굳이 4,500억 원이라는 만만치 않은 돈을 들여가며 순위에서 밀리는 사업을 진행할 필요가 있느냐는 것이었다. 다시 말해서 기회비용의 문제였다.

지금도 자기부상열차 실용화사업 실시 결정이 올바른 결정이었는지 확신하지 못한다. 시간이 흘러 4,500억 원을 잘못 썼다는 비난이 일어나지 않도록 '인천공항-용유' 구간 자기부상열차가 미래철도의 선도적 역할을 하기를 바랄 뿐이다.

경부고속도로 건설 때도, 고속철도 건설 때도 예산낭비다, 잘못된 투자우선순위다라는 논쟁은 있었다. 어떤 사업이든 정책결정자는 최선의 결정을 하려고 노력할 것이다. 그 공과에 대해서는 국민들이 공정하게 평가할 때가 올 것이다. 그러므로 이미 상당한 공정이 진행되어 되돌릴 수 없는 사업이라면 소모적인 논쟁보다 사업을 성공시키는 데 관심을 기울이는 것이 바람직하다고 생각한다.

2010. 8. 24. 인천일보

영향력을 당당하게 활용하자

지난 달 국정감사 기간이 끝나면서 국회에서 예산심의가 시작되었다. 그러나 검찰의 청목회 수사를 비롯한 여러 가지 여야 간에 갈등을 일으키는 현안들로 인하여 심의가 제대로 이루어지지 않고 있다.

올해도 예년과 마찬가지로 예산안 통과의 법정시한인 12월 2일 준수는 어려울 모양이고 심의도 졸속으로 이루어질 것 같다. 정부가 예산안을 마련하고 국회가 이를 심의 확정하는 것은 상당히 정치적인 과정이다.

그런데 인천의 경우 정치적인 영향력이 부족해서인지 항상 예산 확보 과정에서 다른 지역에 비해 상대적인 불이익을 보고 있다. 인천시는 주요 사업에 대한 국비 예산을 확보하지 못해 주요 사업 추진과 아시안게임 준비가 어렵다는 등 아우성을 치고 있지만 중앙정부에서는 한 귀로 듣고 한 귀로 흘리는 것 같다.

국회심의 전 정부예산안 확정 과정에서 예산 확보를 위해 가장 중요한 것은 기초 자료를 포함한 철저한 준비이고 이를 바탕으로 관련 부처와 기획재정부 관계자들을 논리적으로 설득하는 것이다. 논리적 설득이 안 되면 예산 확보는 어려운 것이고 또 논리적으로 설득해도 예산 사정상 확보하지 못하는 경우도 많다.

그리고 아무리 철저한 준비를 해도 결정권자에게 설명할 기회를 갖지 못하면 무위에 그치고 만다. 또한 예산결정권자 입장에서는 예산을 부탁하는 사람이 한두 사람도 아니고 웬만큼 힘 있는 사람이 부탁한 것이 아니면 기억하지도 못한다. 그래서 그런지 상당수 지자체에서 정무부지사, 정무부시장을 그 지자체 출신 기획재정부나 국토해양부 고위 공무원을 데려다놓는 경우가 많다.

인천의 경우 인구 대비 부족한 시설들을 다른 시도와 비교해서 주장한다면 논리성을 갖추지 않을까 생각한다. 인구 대비 도서관 수 · 박물관 수, 인구 대비 지하철 연장 등 말이다. 그리고 다른 시도에 비해 형평에 맞지 않는 것도 주장해야 한다.

왜 경제적 타당성도 없는 곳에 도로를 그렇게 쓸데없이 건설하면서 수도권 병목현상은 해결해주지 않는지. 왜 부산 광안대교는 중앙정부가 50%를 지원하면서 인천의 대교는 지원이 없는지. 왜 목포의 국제여객터미널은 국비로 다 건설해주면서 인천의 국제여객부두는 민자로만 하라고 하는지. 왜 여수박람회와 평창동계올림픽은 유치 단계부터 사회간접자본 시설비와 부지 조성까지 중앙정부에서 다 챙겨주면서 인천 아시안게임은 나 몰라라 하는지. 광양항은 전부 중앙정부 예산으로 하고 부산신항은 상당 부분을 중앙정부 예산으로 했는데 인천 송도신항은 왜 대부분 민자로 하라고 하는지. 국가는 국민이 가장 필요로 하는 것을 해줘야 하는데 왜 인천 시민이 필요로 하는 예산은 잘 확보가 안 되는지.

예산 확보에 있어 정치적 영향력은 상당히 중요하다. YS정권에서 영남 사업이 많아지고 DJ정권에서 호남 사업이 많았던 것은 그런 탓이 컸다고 본다. 그렇다고 인천이 낙담할 것도 아니다. 정치권과 시당국이 합심만 한다면 나름대로 효과를 거둘 수 있다. 광안대교 건설에 중앙정부 예산 50%를 얻어낸 것도 부산 국회의원 10여 명이 지속적으로 끈질기게 요구한 결과다.

내가 겪은 것 중 예를 든다면, 인천지하철 2호선 건설이 시작된 것은 이호웅 전 의원의 공이 크다. 2005년 나는 건설교통부에서 다음 연도 예비타당성 조사 대상사업 선정을 총괄하는 자리에 있었다. 대상사업에는 도로·철도·공항·지하철·댐 건설·신도시·하천 정비 등 다양한 사업이 있었다.

차관 및 실·국장 협의 결과 다음 연도 사업 순위가 정해졌는데 100여 개 사업 중 인천지하철 2호선은 20위권이었다. 10위권에나 들어야 예비타당성 조사사업이 될 텐데 거의 어려운 사업 순위였다.

이호웅 의원이 전화를 걸어와 순위를 올려달라고 했다. 나는 이미 협의가 끝나 내 힘으로는 힘들고 장관님만 순위를 바꿀 수 있다고 알려드리고 건교위 간사이신데 그 정도는 장관께 강하게 요구하셔야 하고 대신 장관님이 집값 문제에 너무 정신이 없으시니 내가 전화하라고 할 때 전화하라고 했다. 장관실에 최종 결재를 들어가기 전 이 의원이 전화했고 장관은 나를 보더니 이호웅 의원 의견을 참작하라고 해 인천지하철 2호선은 다음해 예비타당성 조사 대상사업 2위에 올랐다.

지금은 인천항 발전협의회 사무총장으로 있는 황 모 과장이 언젠가 해양박물관 조사대상지에 부산과 여수는 들어갔는데 인천은 빠졌다고 하소

연했다. 인천에서 가장 다혈질인 국회의원이 기획예산처 장관에게 '인천도 항구'라고 세 번만 따지면 될 거라고 의견을 제시했다. 황 과장이 당시 이윤성 의원을 찾아갔고 결국 인천도 대상지에 들어갔다.

얼마 전 끝난 상하이 엑스포 개최지를 선정할 때 여수, 모스크바, 상하이가 치열하게 맞붙은 적이 있다.

상하이는 관람객 5천만을 목표로 한다고 했고 여수는 3천만을 목표로 한다고 했다. 그때 국제박람회 관계자가 이런 말을 했다고 한다. 한국은 3천만을 목표로 한다면 후보지를 인천으로 들고와야지 이상하다고. 우리가 지역 균형발전상 여수로 했다고 하니까 그러면 중국은 티벳이나 동북3성에서 개최하고 러시아는 시베리아에서 해야 하겠네요, 프랑스는 파리에서 영국은 런던에서 했는데요. 그만큼 인천이 지리적 이점에도 불구하고 대우를 못 받고 있다. 수도권은 지역 균형발전이란 미명하에 국제적 경쟁력을 잃어가고 있다.

노무현 정부 때 대구 보궐선거가 있었고 이강철 후보가 열린우리당 후보로 나섰다. 이 후보는 대구에서 출마 기자회견을 하면서 대구지하철 3호선 건설을 발표했고 기획예산처는 경제적 타당성이 1.0에 미치지 못하는 사업임에도 불구하고 예산에 반영했다.

이것이 영향력이다. 시민 모두가 참고했으면 한다.

2010. 11. 9. 인천일보

인천공항고속도로와 민자사업의 딜레마

나는 건설교통부에서 국장으로 1년간 근무한 적이 있다. 당시 사회간접자본 시설은 시급히 필요한데 정부 예산은 충분하지 못해 많은 사업을 민간 자본을 유치하여 시행하고 있었다.

그중에는 민간 제안 사업도 있고 정부 제안 사업도 있었는데 민간 자본의 원활한 유치를 위하여 모든 사업에 최소한의 운영수입금 보장을 해주었다. 대체로 총예상 수요의 90%에 못 미치는 수요가 있을 경우 그 차액을 정부가 보전해주는 방식이었다. 요즈음 문제되는 민자 사업의 경우 그 수송 수요 예측이 과도하게 부풀려 있어 정부가 매년 막대한 규모의 금액을 예산으로 보전해줄 수밖에 없다는 데에 심각성이 있다.

내가 근무할 당시 부산-김해 간 경전철 사업의 경우에도 90% 운영 수입 보장 조건으로 정부와 현대산업개발과 포스코건설 간에 민자 사업 계약이 체결되어 있었다. 그런데 김해 지역 국회의원이 동 계약이 부산시와 경남도에 과다한 부담을 야기한다며, 국회를 통해 감사 청구를 했다. 그 후 감사원은 운영수입 보장비율을 적정한 수준으로 낮추라는 감사 결과를 통보해왔다. 도대체 '적정한 수준'이 뭔지 참으로 애매한 표현이었다. 회계사와 변호사, 기술사 등으로 실무팀을 구성하여 실사를 다시 한 후 민자 사업자와 재협상을 했으나 결렬되고 말았다. 민자 사업자는 정부가 한번 사인해놓고 무슨 소리냐는 투여서 특단의 대책으로 해결할 수밖에 없었다.

부산시장과 경남도에 지자체가 감당할 수 있다고 하는 운영수입 보장비율을 알아보니 80% 이하면 수용이 가능하다는 것이 확인되었다. 장관께 80% 이하에서 타결하겠다는 최종 결심을 받고 포스코와 현대산업개발의 실제 결정 권한이 있는 부사장들과 여의도 음식점에서 만나 최종 카드를 던졌다. 76%를 받으라고. 못 받으면 건교부와 더는 사업은 없을 거라고. 장관방침이라고.

양사 부사장은 그러면 적자사업이 된다며 절대 받을 수 없다고 버텼다. 다음 날 78%면 수용할 수 있다는 전화가 왔다. 그래서 바로 사장들 들어오라고 해서 장관과 새 계약에 서명을 했다. 이로써 2,500억 원 정도 절감이 되었는데, 이건 다시 말해서 사업 규모가 과다 계상되었다는 의미도 된다. 민자 사업이 건설업계에서 땅 짚고 헤엄치는 수지맞는 장사라는 것이 이렇기 때문에 나온 말인지도 모른다.

이제 이야기를 인천 쪽으로 돌려보겠다. 민자 사업이 뭔가 이상하다는 것은 인천공항고속도로나 인천공항철도를 타보면 느낄 수 있다. 즉 수요예측이 얼마나 황당했던가를 알 수 있다.

최근에는 과거와 같은 민자 사업의 문제점을 개선하여 민간 제안 사업의 운영수입 보장을 하고 있지 않지만 이미 완공된 사업의 문제점은 아직도 해결되지 않은 채 남아 있는 곳이 많이 있다. 공항철도의 경우 문제점을 해결하기 위해서 코레일이 나서서 인수하기로 한 것으로 알려져 있다.

그렇다면 인천공항고속도로 문제는 어떻게 풀어야 하나. 문제점을 치유하려면 국제공항공사가 나서줘야 하는 것 아닌가. 인천공항고속도로를 공항 시설로 인수해 통행료를 대폭 낮춰줄 필요성이 있다.

공항공사는 계속 흑자를 쌓아두고 공항에 접근하는 사람들은 과도한 비용을 계속 부담하는 것이 정당한가. 어느 나라도 공항 접근 비용이 이렇게 비싼 나라는 없을 것이다. 서울외곽순환도로 한 바퀴 도는 것보다 공항 접근하는 값이 비싸서야 말이 되나.

인천국제공항공사와 정부의 전향적 접근을 바란다.

2009. 12. 10. 인천일보

항만 인력 상용화로 부는 새 바람

　7월 18일 인천항에 역사적으로 기념비적인 일이 있었다. 인천항의 노 · 사 · 정이 지난 100여 년 동안 우리 항만의 관행으로 정착돼온 항만 인력 공급방식을 새롭게 개편하기로 합의한 것이다. 지난해 9월 인천항 항만 인력 공급체계를 개편하기로 기본 합의를 이룬 뒤 장장 10개월만의 결실이었다.

　인천항 노 · 사 · 정의 항만 인력 상용화 합의 뒤 한달도 채 지나지 않은 지금 인천항에는 벌써 예전에 볼 수 없었던 새로운 변화의 바람이 일고 있다. 인천항은 최근 노 · 사 · 정이 체결한 세부 합의서에 따라 기존 항운노조원 중 조기퇴직을 희망하는 사람들의 신청서를 받았다. 기존 항만 하역 노조원 1700여 명 중 약 800명이 퇴직신청서를 제출했다. 인천항은 이어 부족한 항만 근로자를 충당하기 위해 8월 13일부터 8월 17일까지 항만 하역 근로자를 공개 모집했다.

정부는 일용직 근로자 풀을 만들어 하역회사로부터 작업계획에 따른 인력을 매일 접수받아 항만에 투입할 계획이다. 이 방식은 화물파동성에 따른 문제에 탄력적으로 대처할 수 있을 뿐 아니라 일용직 근로자 충원으로 지역 사회의 실업 문제 해소에 일조한다는 긍정적인 효과를 갖고 있다.

일용 근로자에게도 하역회사의 정규직원으로 채용될 수 있는 기회가 제공된다. 정부는 일정 기간이 지난 뒤 하역회사의 요청을 받아 하역기술을 숙달하고 성실하게 일한 일용 근로자를 정규직으로 선발할 계획이다. 이를 위해서 노·사·정은 인천항 공동인력관리위원회를 설립했다.

정부는 8월까지 일용 근로자 인력 풀을 구성하고 이들에게는 항만연수원에서 실시하는 소정의 하역 기초과정을 이수토록 할 계획이다. 또 이후에는 공동인력관리위원회 사무국에 일용 근로자로 등록하게 해 하역회사에게 차질없이 인력을 공급하고, 구직자에게 취업의 기회를 제공할 예정이다.

정부는 신규 항만 근로자를 양성하기 위해 인천광역시의 지원으로 무료교육을 실시하고, 경인지방노동청의 협조를 받아 일용 근로자의 구직신청을 받고 있는 중이다. 정부는 9월 중으로 일용 근로자의 인력 풀 구성을 마치고 하역 기초교육을 실시해 이르면 10월부터 본격적인 항만 인력 상용화 체제로 전환할 계획이다.

그렇다면 항만 인력의 상용화로 인천항은 앞으로 어떤 모습으로 바뀌어 가게 될까?

우선 항만의 물류처리시스템의 자동화·기계화가 촉진될 것으로 전망

2007년 7월 8일 인천항 노·사·정이 100여 년간 관행으로 이어져온 항만 인력 공급방식을 새롭게 개편하는 협약을 체결했다.

된다. 항만 하역 업계는 인건비 부담이 줄어 경영 여건이 크게 완화된다. 인력에 의존하던 하역 작업을 기계로 전환할 수 있는 투자 여력도 높아진다.

자동화로 하역 작업이 빨라지면 선석의 회전율도 동시에 높아져 선석당 하역 생산성이 제고될 것이다. 또한 선박과 화물이 항만에 체류하는 기간이 그만큼 단축돼 선주나 하주의 물류비 부담도 줄어들 것이다.

인천항이 항만 인력의 상용화 체제로 본격 전환될 경우 아무리 보수적으로 보더라도 최소 15% 이상의 생산성 향상이 이뤄질 것으로 예상된다. 또 제한적인 항만 시설로 보다 많은 화물을 처리할 수 있어 항만 확충에 필요한 예산도 크게 줄어들 것으로 기대된다. 신설 부두 개장 시마다 항운노조의 작업권 보상과 손실 보상금 등에 대한 갈등으로 발생하던 사회적 비용도 없어질 전망이다.

아울러 상용화 체제로 전환되면 기존 항운노조 조합원의 사회적·경제적 지위도 향상된다. 하역회사의 정규직원으로 전환돼 근로기준법이 적용되고 4대 보험 혜택을 받을 수 있을 뿐 아니라 항운노조에서 보장받았던 고용, 정년, 임금 수준도 보장돼 안정적으로 일할 수 있는 여건이 마련된다.

인천항은 우리나라 제2의 항만이자 수도권의 관문이면서도 심한 조수간만의 차와 갑문식 항만의 불편 등 여러 가지 제약으로 인해 그동안 항만 경쟁력 제고에 한계를 보였다.

그러나 최근 인천항은 갑문 위주의 기능에서 탈피해 새로운 도약을 준비하고 있다. 현재 북항과 남항을 건설하고 있는 중이고 송도신항을 2020년까지 30개 선석 규모로 개발할 예정이다. 또 송도 경제자유구역과 인천공항을 연결하는 인천대교 공사도 2009년 7월 끝낼 예정이다. 인천은 명실공히 공항과 항만을 연계하는 복합 물류기지로 거듭나게 된다.

이 같은 하드웨어적 항만 시설 확보와 함께 인천항 노무공급체제 개편으로 인천항의 대외신인도는 급격히 향상될 것으로 보인다. 외국 선사 유치는 물론 다국적 물류기업의 투자 유치도 활발해질 것이다.

인천항의 도전은 이제 시작에 불과하다. 항만 인력 공급체제 개편작업을 차질없이 정착시켜야 한다. 또 새로운 인력 공급 시스템에 걸맞도록 항만 기능을 자동화하고 운영 효율을 높여나가야 한다.

노·사·정이 대화와 타협으로 힘들게 이룬 이번 결실의 의의를 잊지

않고 더욱 노력해 변화를 마무리하는 날 인천항은 틀림없이 동북아 시대
의 중심 물류기지로 우뚝 태어날 것임을 확신한다.

2007. 8. 17. 국정브리핑

인천시 인사 유감

지난주 송영길 인천시장이 취임 백일을 넘겼다. 취임 초창기는 밀월 기간이므로 송 시장에 대해 별 비판을 하지 않던 언론과 시민단체가 송 시장의 행정 행위에 비판의 날을 세우기 시작했다. 나는 그중에서도 인천경실련이 지적한 인천시 주요 인사의 호남 및 연세대 편중에 주목했다.

송 시장은 인천을 기반으로 큰 꿈을 꾸고 있다고 듣고 있다. 그러므로 그를 위하여 충고의 글을 쓰고자 한다. 인사가 만사라고 하는데 만약 인사상 잘못을 지금 지적해주지 않으면 동일한 인사 행태를 반복할 수 있고, 그러면 송 시장의 미래가 파탄날 수도 있다고 생각하기 때문이다.

5년 전 이맘때쯤 국회 건설교통위 서울시 국정감사가 서울시청에서 있었다. 나는 그 현장에 있었다. 민주당 최 모 의원이 서울시 실국장 중 호남 출신이 너무 적다고 당시 이명박 시장에게 따졌고 이 시장은 그런 점이 있다면 앞으로 인사할 때 감안하겠다고 했다. 나도 수도 서울의 간부 중에 다른 지역에 비해 호남 출신이 너무 적다면 잘못이라고 생각했고 자기 고향 사람을 챙기는 최 의원이 부러웠다.

우리나라에서 지역감정은 매우 미묘한 문제다. 그러나 인천은 우리나라에서 가장 개방적인 도시로 이북 출신을 비롯한 전국 각지의 사람들이 모여 살기 때문에 지역감정은 없다고 보았다.

그런데 최근 이상한 현상이 보인다. 송영길 시장은 지난번 계양을 보궐선거에서도 이상한 고집을 부린 바 있다. 인천 출신을 굳이 마다하고 인천에 하루도 살지 않은 자기 고교동창을 공천하게 함으로써 송 시장 지역구에서 민주당 후보가 패배했다. 그런데도 그것을 교훈으로 삼지 않고 유사한 양상을 반복하고 있다.

경실련은 인천의 '빅 5'가 호남과 연세대 위주라고 지적했다. 구체적으로 보자. 정무부시장은 하동 출신으로 호남에서 고교를 나왔다. 행정부시장은 호남 출신으로 서울에서 고교를 나왔다. 비서실장과 도시개발공사 사장은 호남 출신으로 호남에서 고교를 나왔다. 경제자유구역청장은 출신은 모르겠지만 서울 장훈고와 연세대를 나왔다.

이 중에는 구월동과 신포동이 어딘지도 모르고 인천에 하루도 주소지를 두지 않은 사람도 있을 것이다. 민주당 인천시당 위원장은 호남 출신이고 시의회의장은 호남의 대학을 나왔다. 이들 중에 인천 소재 초·중·고·대학을 하나라도 나온 사람이 있는가. 시장까지 포함해서.

그리고 전국에서 아니 세계에서 자기 지역 학교를 하나도 나오지 않은 사람들로 전원 행정 정치 상층부를 구성하는 도시가 있는지 알고 싶다. 이래 놓고 어떻게 이명박 정부의 인사를 '고소영'이니 '영포라인'이니 비난할 자격이 있는지 묻고 싶다. 내가 하면 로맨스고 남이 하면 불륜인

가. 국가로 말하면 대통령, 국무총리, 부총리, 국토부장관, 국회의장, 여당대표가 다 호남 연고자인 셈이다.

　중앙정부에서 호남 출신들은 영남에 비해 상대적 불이익을 받았다고 주장한다. 그러나 지금까지 내가 본 바에 의하면 모든 정권은 고위직 인사에 영·호남을 인구비례에 맞게 배분하려고 노력했다. 도리어 영·호남을 제외한 다른 지역이 상대적인 차별을 받았다는 것이 맞는 지적이다. 언론 보도에 따르면 우리나라 1급 이상 고위직 중 영남 출신은 40% 정도, 호남 출신은 20% 후반 정도이지만 인천 출신은 1% 미만이다. 그렇다고 인천 출신들이 홀대받는다고 말한 적도 없다.

　하지만 여기는 인천이다. 한마디로 인천 출신을 배려해달라고 부탁한다. 인천 출신이 부산·대구·광주에 가서 부시장이나 도시개발공사사장이나 경제자유구역청장을 할 수 있나. 그쪽 사람들이 그리 호락호락한가. 언감생심이다.

　혹자는 인천에 인물이 없어서 외부에서 충원할 수밖에 없다고 한다. 말도 안 되는 소리다. 내가 추천해주겠다. 인천 연고의 행정안전부 1급 공무원을, 건교부 출신 고위공무원을, 감사원 심의실장을 지내고 회계사 자격증 가진 사람을.

　인천의 정체성이 이리 무시되어서는 곤란하다. 앞으로 인천시의 인사를 언론이나 시민단체가 냉철하게 짚어 진실로 공정한 사회가 이룩되기를 희망한다.

2010. 10. 10. 인천일보

중동나들목 소회

얼마 전 수도권 외곽순환도로 중동나들목에서 큰 화재가 발생했다. 경찰 조사 결과 사고 원인은 주차장 관리인과 운전기사가 짜고 고가도로 밑에 세워져 있던 유조차에서 기름을 빼내 팔려다 모터에서 스파크가 생겨 유조차에 옮겨 붙으면서 큰 불로 번진 것이었다.

사고는 몇 사람의 사소한 욕심에서 비롯되었지만 그 피해는 엉뚱하게도 그 부근에 사는 일반 시민들에게 돌아가버렸다. 화재 구간의 순환고속도로를 받치고 있던 철재 등이 고열로 심각한 손상을 입어 안전상 중동나들목 상부의 통행이 제한됨으로써 이 지역에 사는 사람들의 주요 교통수단 하나가 4개월간 제 기능을 하지 못하게 된 것이다.

나는 부평구 삼산동에 살면서 차를 몰고 출퇴근을 하거나 삼산체육관 앞에서 광역버스를 타곤 하는데 이 지역의 교통 통제로 인한 정체로 엄청난 고통을 겪고 있다. 이는 비단 나만이 아니라 중동IC 근처에 사는 시민

대부분이 겪는 고통일 것이다.

중동IC 구간은 외곽순환고속도로에서 가장 붐비고 복잡한 구간이다. 평소에도 확장 등 이 지점에 대한 특별한 대책이 필요한 지역인데 이곳의 차단으로 인한 파급효과로 장수, 송내, 계양 지역까지 교통 불편의 여파가 미치고 있다. 그 사회적 손실이 가시적으로 계산이 안 되어서 그렇지 개인의 가계나 경제활동에 엄청난 손실을 주고 있을 것이다.

중동나들목을 비롯한 이러한 병목현상은 수도권에 몇 군데가 있다. 경인고속도로에도 신월 부근하고 부평/가좌 구간이 상습정체구간이다. 교통정책은 이러한 병목 구간을 해소해주라는 것인데 불편하면 딴 곳으로 이사 가라는 건지 그동안 이 지역 시민들이 통행료로 낸 돈이 얼만데 교통당국이 너무 무시하는 것 같다.

교통 지옥을 겪으면서 안타까운 것은 온수역에서 부평구청까지 지하철 7호선 연장구간 건설이 거의 6년이나 지지부진하다는 점이다. 이럴 때 중동나들목 밑을 지나는 7호선만 개통이 되어 있었어도 교통 분산이 되었을 텐데 이 지하철은 언제나 개통될 건지 매일 그 모양으로 시민들의 속을 태우고 있다.

서울시 내 지하철은 서울시의 재정자립도가 높아서 그런지 공사기간이 짧은데 재정 여력이 떨어지는 인천과 부천을 지나는 구간이다 보니 재원 조달이 어려워 공사기간이 하염없이 늘어지고 있다. 이런 것이 참 아이러니다.

재정 상태가 좋은 자치단체일수록 편의시설이나 주거 여건이 점점 좋아지고 어려운 곳일수록 주거 여건이 점점 뒤처지니 말이다. 지하철이나 광역도로의 경우 자치단체 부담이 25%에서 50%에 이르니 재정자립도가 떨어지는 지자체일수록 힘들 수밖에 없다.

인구가 희박한 남부지역에 가보면 차가 몇 대 안 다니는 지역인데도 전액 국비로 도로를 뻥뻥 뚫고 있다. 그 지역 국회의원이나 도지사가 힘 있는 사람이어서 그런지 정치적 역학관계상 그런지 몰라도 교통 문제와 관련해서 인천 등 수도권 서민 주거지역이 당하는 홀대에 비하면 너무 부러울 지경이다.

그렇게 비효율적으로 국비가 사용될 바에야 인구가 조밀한 지역에 인구 비례만큼이라도 국비를 지원해서 교통시설을 지원해주고 대중교통체계를 확충해주는 것이 또 하나의 서민 복지라고 생각한다.

수도권은 수도권정비계획법상 각종 규제를 받고 있다. 그런데 수도권도 여러 형태가 있다. 분당, 일산 같은 '버블 세븐' 지역이 있고 시흥, 안산같이 성격이 다른 지역이 있는데 동일한 규제를 받고 있다.

인천의 경우 생산 가치에 비해 주민 소득이 상당히 낮다. 인천에서 개업하거나 사업을 하고 있는 의사, 변호사, 기업체 오너 상당수가 서울 거주자이므로 인천에서 벌어들인 많은 돈이 서울로 집중되므로 실제 돈은 잘 돌지 않는데 서울과 같은 수도권이라고 불이익만 보고 있다.

불이익은 볼 만큼 봤으니 이제 인천도 주장하자. 국내 투자가 활성화될 수 있도록 규제를 풀어주든지 아니면 인구 비례만큼이라도 국비 투자를 해달라고.

2010. 12. 30. 인천일보

원조 짜장면

얼마 전 인천에서 예선사업을 하는 배동진 선배한테서 들은 색다른 이야기를 옮겨볼까 한다.

주제는 짜장면에 관한 내용이다. 짜장면은 우리나라에만 있는 독특한 중국 음식이다. 이 짜장면이 인천역 인근 차이나타운 내 공화춘에서 최초로 만들어진 음식이라는 것은 대부분의 사람들이 알고 있다. 그러면 짜장면이 만들어지게 된 유래는 어디에서 비롯한 것일까. 그 안에는 슬픈 우리나라의 역사가 스며 있다.

19세기 말 제물포 포구는 부산, 원산과 함께 우리나라에서는 최초로 외국에 개방되었다. 외국에 개방된 항구였다고는 하나 인천항은 개항 당시에는 조그만 포구에 불과했다. 개항 이후 일본의 조계지와 함께 청국의 조계지도 함께 설치되었고 산둥 반도에서 온 수많은 청국인들이 이 조계지에 정착해 살고 있었다.

고려대 지리학자인 최영준 교수의 설명에 따르면, 화교 시가지의 발달이 바로 청국 조계와 삼리채를 중심으로 이뤄졌는데 청국 조계는 현 선린동의 청관에 있었다고 하며, 이 지역은 원색 단청의 난간을 가진 중국식 건물이 대부분을 차지하고 서양식 건물이 약간 있었다 한다.

1895년 청일전쟁에서 일본이 승리한 후 많은 청국인들이 중국으로 되돌아가고 일본인들이 그 자리를 차지하게 되었다. 지금의 자유공원에서 바다 쪽으로 보면 오른쪽에 소수의 중국인 거주지가 형성되었고 왼쪽에 다수의 일본인 거주지가 형성되었다.

청일전쟁 후 일본의 국력이 욱일승천할 때니까 이 지역의 상권과 경제권은 일본인들의 수중에 떨어졌다. 그래서 중국인 거주 지역의 청요리집 공화춘(선린동)에서 일본인들에게 팔기 위해서 일본인들의 입맛에 맞는 음식을 개발하기 위해 머리를 썼다. 중국식 춘장에 야채와 해산물 그리고 달콤한 성분을 추가해 새로운 형태의 소스를 만들어냈다. 바로 이것이 '짜장'의 유래이며, 이 짜장은 일본인들의 입맛과 맞아떨어져 선풍적인 인기를 끌게 되었다.

일본인들에게 팔아야 하니 반찬은 요즈음은 단무지라고 하는 '닥꽝'을 내놓았다. 요즈음도 닥꽝은 짜장면과 우동, 짬뽕을 파는 한국식 중국집에서만 반찬으로 나온다. 정통 중국집에서는 닥꽝이 나오지 않는다.

당시 돈 있는 조선인들이 차이나타운의 중국집에 와서 일본인에게 인기를 끄는 짜장면 맛을 보면서 짜장면은 한국인이 좋아하는 중국 음식으로 변화되었고 전국으로 퍼지게 되었다. 짜장면은 처음에는 일본인과 돈 있는 조선인들에게 팔리던 고급 음식이었다. 그러나 차츰 대중화의 길을 걸으면서 서민들이 가장 즐기는 중국 음식이 되었다.

김구 선생이 노동일을 하던 인천항 건설현장 노무자들이 즐기던 음식도 짜장면이었다. 희한한 점은 일본인을 대상으로 만들었던 짜장면이 정작 일본에서는 인기를 끌지 못했으니 아마도 짜장면 맛은 일본인보다 우리 입맛에 맞는 음식이었던 것 같다.

　　참고로 짬뽕은 규슈 지방 나가사키의 중국인들이 중국식 면국수에 일본인들이 좋아하는 해산물을 넣어 만든 것인데 한국에 들어와 매운 맛이 첨가되었다고 한다.

2010. 7. 22.

연탄 봉사를 마치고

여러 가지 바쁜 일이 겹치다보니 글 쓸 여유가 없었다. 하긴 별로 봐주는 사람도 없으니 그렇게 중요한 문제는 아니지만 나 자신과의 약속을 지키지 못했으니 잘못이기는 하다.

지난 토요일 고대 인천경제인회에서 부평 산곡동, 청천동 지역 영세민들에게 생필품을 나눠주고 연탄을 날라주는 봉사 활동이 있었다. 나도 인천경제인회 회원이어서 집사람과 동참했다.

아침 8시 반에 부평구청에 갔더니 친구인 오태석 부구청장도 나와 있었고 고대 인천경제인회의 회원 및 가족들과 함께 꽤 많은 재학생들이 서울과 인천에서 내려와 봉사 활동을 하겠다고 200명 가까이 모여 있었다. 빵과 두유를 먹고 생필품 조가 먼저 출발하고 연탄 봉사조는 20명이 일개조를 형성해서 산곡, 청천 지역으로 이동했다.

우리는 구청에서 정해준 4개 집에 한 집당 3백 장씩 연탄을 배달하도록 예정되어 있었다. 그런데 처음 간 집에 두 집이 같이 산다며 연탄차가 800장을 내려놓고 갔다. 우리가 열심히 연탄을 나르는 동안 옆집 아주머니가 와서 우리는 신청했는데도 주지 않고 그 집은 아들과 엄마가 각각 신청했는데 두 집 몫을 배달해주냐고 계속 불평을 해서 무척 당황스러웠다.

　하여간 그 집 연탄 저장 장소가 워낙 비좁아 너무 높이 쌓다가 무너트리기도 하면서 열심히 배달해주었다. 연탄을 나르는 동안 또 다른 옆집 쪽문이 열리면서 연로하신 할머니가 연탄을 나르는 어린 초등학생 봉사자에게 사탕과 음료수를 건네주는 모습이 그래도 보기 좋았다.

　두 번째 집은 300장을 날랐는데 생활보호대상자라고 하기에는 너무 젊은 중년부부의 집이었다. 이 집 안주인은 우리보고 탄가루 떨어지면 안 되니까 줄 서서 나르지 말고 한 사람씩 들고오라고 하는데 어이가 없었다. 그래도 봉사니까 열심히 해주었다. 연탄 나르기가 끝난 뒤 내가 생필품을 전달해주면서 너무 젊으시다고 했더니 그녀도 쑥스러워 하기는 했다.

　네 번째 집은 그나마 생활보호대상자다웠다. 집이 협소해서 연탄을 백 장밖에 들여놓을 수밖에 없었고 할머니가 수십 차례 절하면서 고마움을 표시하시고 나올 때 빵과 비타 500 한 박스를 전달해주셔서 집사람이 받았다.

　우리 일을 끝내고 나니 아직 끝나지 않은 다른 조가 있어 그 쪽으로 옮겼다. 그 조는 고대 총장님까지 오셔서 재학생들과 신나게 연탄을 나르고 있었다. 모든 조가 다 일을 끝내고 근처 식당에서 막걸리와 함께 갈비탕을 맛있게 먹었다. 총장님, 학생들 그리고 우리 졸업생들 모두 뿌듯한 기분으로 즐거운 시간을 가졌다.

2011년 성탄절을 맞아 산타 모자를 쓰고 동네 어르신들에게 무료급식 봉사를 했다. 영하의 추운 날씨였지만 마음은 훈훈했다. 어르신들은 가는 길에 성탄 선물과 함께 영정사진을 받으시며 기뻐하셨다.

봉사는 봉산데 찜찜한 구석은 있었다. 우리가 연탄 배달을 해준 사람들이 제대로 된 대상자들인가 의심스러웠기 때문이다. 구청에서 정해준 대로 가긴 했는데 그보다 어려운 사람이 더 많을 텐데 말이다. 만약 첫 집이 두 명분을 신청한 것이라면 그리고 두 번째 집이 노동 능력 있는 젊은 사람들이라면 이것이 공정한가라는 생각 때문이다.

만약 복지 예산도 저렇게 허술하게 집행되어 먼저 보는 사람이나 약삭빠른 사람이 차지가 된다면 정말 답답할 것 같다 .

2009. 12. 3.

4장
글로벌 해양시대 주역을 꿈꾸다

글로벌 해양시대 주역을 꿈꾸다

2004년 12월 26일 인도네시아 수마트라 섬을 강타한 쓰나미를 생생하게 기억할 것이다. 아시아와 아프리카 등 11개국 해안을 일순간 아수라장으로 만들어버린 무차별적인 자연의 공격은 사망자 20만 명이라는 인류 역사에 각인될 대재앙을 남겼다. 이 사건을 계기로 전 인류는 자연에 대한 경각심은 물론, 인간의 나약함을 다시 한번 뼈저리게 느껴야 했다.

해양에 대한 인류의 관심이 커지고, 중요성이 부각됨에 따라 1950년대 이후 반세기 동안 해양과학 기술은 급속도의 발전을 거듭했다. 그러나 인류는 자연에 대한 정복욕을 과시하며 해양 앞에서 자만했고, 바다는 그런 인류에게 경고의 메시지를 보내고 있다.

이러한 메시지 가운데 가장 위협적인 것은 기후 변화 및 지구 온난화와 이로 인한 해수 온도 및 해수면의 상승, 해양 산성화 등을 들 수 있다.

기후 변화가 전적으로 위협이 되는 것만은 아니다. 오늘날 기후 변화는 북극 항로가 열리고, 과거에는 상상할 수 없었던 극 지역의 해양 자원 개발의 전망을 열어주는 등 새로운 기회와 전망을 열어주고 있는 것 또한 사실이다.

그러나 동시에 우리는 정치가에서 환경운동가로 변신하여 노벨 평화상까지 수상한 전 미국 부통령 엘 고어가 던진 경고 또한 잊지 말아야 할 것이다. 고어는 자신의 저서 《불편한 진실》(*An Inconvenient Truth*)에서, 오늘날의 기후 변화와 지구 온난화를 '위기'라고 규정했다. 그 위기는 무서운 속도로 얼음이 녹아내리며 북극곰 등을 멸종 위기의 벼랑으로 내몰고 있는 현상이 벌어지는 북극해 등 바다를 무대로 진행되고 있다. 따지고 보면 근년 들어 빈번하게 발생하고 있는 해양 재난 역시 이와 같은 전 세계 규모의 기후 변화와 밀접하게 연동되어 있다고 할 것이다.

매년 여러 해역에서 대규모 해양 재난이 발생해 수천·수만 명의 생명이 위협받고 있으며, 재산 피해 등 2차 피해 역시 전 세계적으로 큰 어려움을 주고 있다. 인위적이든 자연적이든 바다에서 발생한 재난은 피해 규모가 일부 지역에만 국한되지 않는다. 해양은 전 세계에 걸친 유기적이고 상호 보완적인 구조를 이루고 있어, 그 자체가 독립체(獨立體)의 성격을 띠고 있다. 이에 덧붙여 해양은 대기환경에도 근원자(根源者)로서의 역할을 하고 있다.

지금 해양 분야는 지구 환경의 근본적인 전환에 대응하여 새로운 도약과 변신, 그리고 도전에 대한 응전을 모색하고 있다. 각기 독립 단위로 연구 및 협력했던 구시대적 해양 개발 방식을 과감히 버리고, 해양의 전반적인 구조와 관계를 규명하기 위해 분야별 연결고리를 찾고자 분주한

국립해양조사원장으로 있던 2006년 한여름 광명어촌계와 자매결연을 맺은 뒤 어민들과 자리를 함께했다.

모습이다.

모든 국가가 해양이 지구에 미치는 영향을 전체적으로 이해하고, 앞으로 닥쳐올 사고와 재난에 미리 대비하기 위해 '전지구 해양 관측 시스템' (GEOSS) 등 새로운 국제 조직을 결성하고 있다. 최근 이러한 국제적 흐름에 발맞추기 위해 국립해양조사원 역시 국제 협력을 통한 해양기술정보의 교환 및 신기술 개발에 초점을 맞추고 있다.

해양조사원의 국제 활동은 국제수로기구(IHO)를 기반으로 이뤄지고 있다. IHO는 지난 1921년에 설립된 다자간 국제기구다. 원칙적으로는 항해 안전에 그 목적을 두고 있지만 최근 조직을 재편, 해양 전반에 관한 분야로 그 관심 영역을 확대하고 있다.

이 밖에도 해양조사원은 IHO의 지역적 협력 강화를 위해 설립된 14개 지역수로위원회 중 동부아시아 수로위원회(EAHC) 정회원으로서 동부아시아 9개 회원국과 협력 방안을 논의하고 있다.

일본·미국과 매년 수로기술회의를 개최해 양국 간 공동조사 방안, 첨단 해양정보 교환 등 긴밀한 협력 관계도 유지하고 있다. 올해부터는 그리스와 해양조사기술협정을 체결, 유럽과도 정보 교류를 점차 확대해나가고 있다.

어찌 보면 해양조사원은 21세기형 해양강국에 한 발짝 더 다가가기 위해 지금은 몸을 한껏 움츠리고 있는 형국이다. 이를 통해 어떤 목적으로 누구와 어떻게 해양을 이해해나갈 것인지 우리만의 잣대를 설정, 신개념 해양 예측 기술력을 확보해나가고자 한다.

곧 글로벌 해양시대의 주역이 될 날이 머지않았음을 조심스럽게 자신해본다.

2007. 1. 4. 경인일보, 일부 수정 보완

녹색물류 시대를 여는 연안 해운의 역할

우리나라는 삼면이 바다고 현재 북쪽은 휴전선과 북방한계선(NLL)로 막힌 사실상의 도서 국가다. 이로 인해 수출입 물동량의 99.6%가 바다를 통해 운송되고 있다. 따라서 해운은 오늘날 우리나라가 10대 무역국가로 부상하는 데 가장 중요한 역할을 수행해왔다고 할 수 있다.

한국해운조합에서 맡고 있는 연안 해운도 철강제품 및 광석, 시멘트, 모래, 석유화학 제품 등 주요 화물의 국내 항만 간 운송과 수출입 컨테이너 화물을 연결 수송하는 대동맥으로서의 기능은 물론, 도서 지역의 생필품을 운송하는 등 국내 경제의 근간으로서 중요한 역할을 수행하고 있다.

특히 철강, 석유, 시멘트 등의 기초 자재는 국내 수송의 80% 이상을 담당하고 있다.

국내 화물의 수송 수단으로는 연안 선박을 비롯하여 트럭이나 철도 등이 있다. 이 중 연안 해운을 통한 화물 수송량은 1억 2,220만 톤에 달한다. 이것을 10톤 트럭으로 수송할 경우 1,222만 대를 동원해야 한다. 연안 해운의 평균 수송거리는 약 497km로 트럭으로 수송할 경우와 비교할 때 무려 7.3배나 된다. 바로 이러한 것이 연안 해운이 장거리, 대량 수송에 적합한 수송 수단임을 말해주는 것이다.

　도로 운송과 연안 해운의 효율성을 비교해보자. 컨테이너 수송용 트랙터 트레일러의 경우 인천-부산 간 거리를 운행하는 데 206리터의 경유를 소모한다. 그러나 215 TEU급 컨테이너선은 벙커C유 10.5톤과 경유 1톤을 소모하므로 TEU당 연료 소모비용은 연안 해운을 100으로 가정할 경우 도로운송지수는 494로 연안 운송이 도로 운송에 비해 약 5배 우위에 있다. 해상 수송은 트럭 등의 육상 수송 수단에 비해 CO_2의 배출이 1/4밖에 되지 않고 에너지 효율은 5배나 높으므로 앞으로 화물의 대량 수송은 육로에서 해로로 바뀌어야 할 것이다.

　2005년도 한국해양수산개발원에서 발표한 자료에 따르면 운송 수단별 사회적 비용 발생액을 톤/km 기준으로 환산하면 도로 운송은 258.1원, 철도 운송은 43.7원, 해상 운송은 8.9원으로 해상 운송의 사회적 비용이 현저히 적은 것으로 나타났다. 다시 말해서 도로 운송의 사회적 비용 발생액이 해상 운송의 29배다. 동 연구 결과에 따르면 우리나라의 수송 수단별 사회적 비용은 총 26조 8,739억 원으로 조사되었으며, 이 중 도로 운송의 사회적 비용은 26조 355억 원으로 전체 사회적 비용의 96.8%에 이르는 것으로 추정하고 있다.

　경제적 측면에서 보면 연안 해운은 국가 전체 수송비의 1%로 국내 운송화물의 18.1%를 수송하고 있으며, 톤/km당 수송비는 도로의 1/23 수준으로서 운송 수단 중 가장 저렴하다. 그럼에도 불구하고 우리나라는 국내물동량의 약 75%를 도로에 의존하고 있으며, 연안 해운은 수송 완결성 부족, 운송 시간 과다 소요 및 화물차 과잉 공급에 따른 운임경쟁력 저하로 인해 수송 분담률이 2001년 26.4%에서 2008년 18.1 %로 지속적으로 하락하고 있는 실정이다. 이러한 현실이 지속될 경우 도로 중심의 물류체계가 더욱 강화되어 저탄소 녹색성장 추진의 걸림돌로 작용하여 우리가 희망하는 국가 모델로의 도약이 제한될까 우려된다. 그러므로 연안 해운을 활성화시켜 운송 수단의 사회적 비용을 획기적으로 절감시키는 한편 친환경 녹색성장의 밑받침이 되도록 해야 한다.

지금 전 세계는 지구 온난화 문제를 해결하기 위해 물류체계의 변화를 모색하고 있다. 우리나라도 국가 비전으로 저탄소 녹색성장을 정하고 물류체계의 패러다임 전환을 추진하고 있어 그간 국가 정책의 사각지대로 경시되어오던 연안 해운이 친환경 물류운송 수단으로 재조명받기 시작하고 있다. 최근 유럽에서도 연안 해운을 다른 수송 수단과 동일한 관점에서 복합 운송의 한 축으로 간주하고, 정책 지원을 강화하고 있다. 유럽연합의 연안 해운 수송 물량은 도로와 함께 매년 증가하고 있으며, 총 수송 물량 중 연안 해운이 차지하는 분담률은 무려 39%나 된다.

해상 교통은 다른 교통 수단에 비하여 저렴한 비용으로 대량의 화물을 운송할 수 있으며, 육상 운송과 달리 도로, 철로 등 별도의 교통시설을 갖추지 않고 자연적인 바닷길을 이용하여 운송하므로 매우 친환경적인 운송 수단이라 할 수 있다. 이러한 특성 때문에 연안 해운은 우리나라 물류산업의 한 축을 형성하고 있으며, 정부는 외국적 선박의 연안 운송을 금지하여 연안 해운을 보호하고 있다. 앞으로 연안 해운은 지구 환경보호에 앞장서서 녹색물류산업 발전에 공헌할 것이다.

그리고 최근 본격적으로 진행되고 있는 경인운하건설사업을 주목해야

해양 경쟁력이 대한민국의 미래를 좌우할 것이다. 국립해양조사원장으로 일하던 시절 이어도 해양 과학기지를 찾았을 때 바람은 세찼지만 가슴은 뜨거웠다.

한다.

내륙 운하를 이용한 연안 운송은 우리나라에서는 처음 시도되는 새로운 패러다임이기 때문에 걱정하는 분들도 있지만 경인운하와 연안 해운의 연계를 통해 연안 운송이 내륙 깊숙이 진출한다면 연안 해운의 영역을 획기적으로 확대할 수 있는 좋은 기회가 될 것이다.

정부는 서울과 인천을 잇는 총 18km의 경인 아라뱃길을 2011년 완공 계획으로 건설 중에 있다. 경인 아라뱃길이 완공되면 물류비를 절감하고 교통난을 완화하며, 녹색성장에 기여하게 될 것이다. 경인 아라뱃길은 연안 해운 활성화와 연계하여 수송 방식의 효율성 제고 및 다양화를 기대할 수 있다. 한편, 도로 중심의 수송 수단을 선박 운송 등으로 다양화함으로써 국내 물류체계를 개선할 수 있다.

국토해양부에서도 2008년 기준으로 18%인 연안 해운 수송분담률을 2012년까지 22%로 올리는 것을 목표로 2009년부터 연안선에 항만시설 사용료를 감면해주고 있으며 친환경 연안 해운 선박건조 금융지원 마련, 지속가능교통물류발전법 제정을 통한 모달 쉬프트(Modal Shift) 활성화 등의 정책적 지원을 아끼지 않고 있다.

한국해운조합은 녹색물류 구현과 2020년까지 연안 해운 수송분담률 25% 달성을 위하여 무엇보다도 전환 교통 보조금 확대를 위한 노력을 경주하고자 한다. 전환 교통 보조금 예산을 확보하여 총 57,653백만 톤 /km를 도로에서 연안 운송으로 전환할 수 있도록 추진해나갈 계획이다.

아울러 국가물류비 절감 및 교통난 완화 등 녹색성장을 위해 2011년 개통 운용될 경인 아라뱃길이 연안 해운 활성화에 촉매제 역할을 할 수 있도록 신규 화물 및 투입 희망선사 발굴, 물류기지 구축 등 토탈 지원시스템을 마련해나가겠다.

마지막으로 연안 해운업계의 오랜 숙원 사업인 연안 화물선 연료유에 대한 '해운세제 선진화' 방안 마련을 위하여 기존 접근방식과는 다른 신개념 추진 전략을 수립, 선제적으로 대응해나감으로써 연안 해운의 경쟁력을 강화해나갈 것이다.

2010. 5. 25. 인천저널

연안 화물선에도 면세유를…

우리 해운조합에서는 해운의 중요성, 그중에서도 연안 해운의 중요성과 필수 불가결성에 대하여 여러 분야에 알리고 관심을 호소해왔으며 실제 많은 성과도 있었다. 하지만 아직도 정부의 연안 해운에 대한 지원책은 우리의 기대와는 사뭇 거리가 있어 안타깝기만 하다. 이번 기회에 연안 화물선에 대한 면세유 공급 필요성에 대해 강조하고자 한다.

해운의 장점은 아무리 강조해도 지나치지 않다. 다른 교통수단에 비하여 저렴한 비용으로 대량의 화물을 운송할 수 있으며, 도로, 철로 등 별도의 교통시설을 갖추지 않고 자연적인 바닷길을 이용하여 운송하므로 매우 친환경적임은 말할 나위가 없다. 세계 각국은 산업원자재의 안정적 대량 수송, 국가 비상시 전략물자 수송 등을 위해 외국 선박의 연안 운송을 금지하는 카보타지 제도를 도입하여 연안 해운을 보호·육성하고 있다.

우리나라에서도 석유류, 시멘트. 광석, 철강제품 및 모래 등 주요 원자재가 연안 해운을 통해 운송되고 있다. 경제적 측면에서 보면 연안 해운은 국가전체 수송비의 1%로 국내 운송 화물의 19.4%를 수송하고 있는데, 톤/km당 단위수송비는 도로의 1/24 수준으로 운송 수단 중 가장 저렴하며, 반면 사회적 비용은 도로의 1/9 수준에 불과하다. 그럼에도 불구하고 친환경 운송 수단인 연안 해운의 수송분담률은 편리와 신속성을 주무기로 하는 도로 운송에 밀려 지속적으로 하락하고 있다.

연안 해운의 경쟁력 강화를 위해서 가장 시급한 것이 운항 비용 중 가장 큰 비중을 차지하는 연료유의 단가를 낮춰주는 방안이다. 현재 우리나라 선박 중 외항 화물선, 원양어선, 연근해 어선, 연안 여객선에 대해서는 면세유가 공급되고 있지만 유독 연안 화물선에 대해서는 면세유가 공급되지 않고 있다.

외국의 경우에도 연안 화물선에 대한 조세 지원에 적극적이다. 일본은 내항 선박에 대한 경유 인취세를 면제하고 있으며, 미국은 흘수 12피트 이상 내항 선박에 대한 유류세를 면제하고, 호주는 선박 연료유에 대한 유류세 전액을 환급하고 있다.

관련 연구결과에 따르면 연안 화물선에 면세유를 공급할 경우 저비용 고효율인 연안 해운의 가격경쟁력이 강화되어 대규모 시설투자 없이 국가물류체계 개선이 가능하므로 연간 2조 7568억 원의 국가물류비를 절감할 수 있으며 대체관계에 있는 육상 운송을 해상 운송으로 전환할 경우 높은 도로 운송 비용, 교통 혼잡 비용, 교통사고 비용, 도로 파손 비용, 대기 오염 및 소음 피해 비용 등 여러 가지 사회적 비용이 4976억 원 정도 절감될 수 있다고 한다.

조세 관계자들은 연안 화물선에 면세유 공급 시 연간 1414억 원의 세수 감소액이 발생하여 국가 재정 부담이 증가하는 것을 우려하고 있다. 그러나 앞서 언급한 국가적 편익 외에도 화물차에 지급되는 유가보조금이 1조 4천억 수준임을 고려할 때 그 1/10 비용으로 물류체계를 개선할 수 있다는 것을 간과해서는 안 될 것이다.

최근 전 세계적으로 친환경 녹색성장이 화두가 되고 있는 점과, 현 정부의 국정 기조인 '저탄소 녹색성장을 통한 신성장 동력 창출'에 부합하기 위해서는 도로 중심의 화물 운송체계에서 대체 친환경 운송 수단의 육성이 필요하며 이런 점에서 연안 화물선에 대한 면세유 공급은 시급히 추진되어야 할 정책이다.

2010. 4. 2.

갯벌, 소중한 자연유산

몇 년 새 갯벌체험이라는 말을 자주 접하게 됐다. 과거 갯벌이 연안 개발이라는 논리에 밀려 매립의 대상으로만 여겨져 왔던 시대가 있었지만 지금은 그 생태적 가치와 더불어 심미적 · 문화적인 가치가 재평가받고 있다.

이처럼 갯벌이나 습지에 대한 일반 국민의 인식을 높이는 데는 습지 전문가와 함께 NGO의 노력이 중요한 역할을 했다고 생각한다. 하지만 갯벌체험도 최근 들어선 방문객이 크게 늘어나 오히려 갯벌이 훼손되는 사례까지 발생하게 됐다. 이에 해양수산부가 휴식년제와 같은 갯벌체험 관리지침 제정을 준비하는 상황에 이른 것을 보면 참으로 격세지감을 느끼게 된다.

우리나라 서해안과 남해안에 광활하게 펼쳐져 있는 갯벌은 세계 5대

갯벌로 불릴 만큼 희귀성과 보전 가치를 인정받고 있다. 우리 갯벌은 낮은 수심과 큰 간만조차, 그리고 육지의 모래 또는 부유입자를 실어 나르는 강이 조화를 이룬 자연의 걸작이라고 할 수 있다.

조류(潮流), 혹은 물살의 세기와 부유입자의 크기에 따라 공간적으로 적절히 배분돼 형성된 갯벌은 해양생물뿐 아니라 철새들의 서식처로도 중요한 기능을 한다. 여기에 육지로부터 유입되는 오염 물질을 정화하는 기능까지 그 경제적 가치만도 연간 약 10조 원에 이르는 것으로 추정되고 있다.

이 같은 갯벌의 막대한 가치를 보전하는 일환으로 국립해양조사원은 지난 2002년부터 전국 해안선 조사사업에 착수, 정확한 갯벌의 지형적 특성을 조사하는 데 필요한 자료를 생산하고 있다.

지난 1999년 제정된 습지보전법에 따르면 갯벌은 연안습지이기 때문에 해양수산부(현 국토해양부-편집자) 소관이다. 반면 하구 및 석호습지는 내륙습지로 분류, 환경부 소관이다. 하지만 많은 습지 전문가들은 하구의 수리 지형적인 특성과 생태적 천이역으로서의 독특한 가치를 인정해 하구습지를 내륙습지와 구별해야 한다고 보고 있다.

올해 4월 16일 환경부는 한강 하구 네 곳을 '습지보호지역'으로 지정하고 생태계가 우수한 일부 지역을 '람사(Ramsar) 습지'로 등록시키는 방안을 검토 중이다.

람사 습지는 물새가 서식하는 곳으로 국제적으로도 중요한 가치를 가지는 곳이다. 하지만 다른 부처에선 한강 및 임진강 하구에 부존하는 골재자원의 경제적 가치에 주목하고 있는 상황이다.

이런 미묘한 상황에 한강 하구습지의 형성 및 형태를 결정짓는 일차적 요인 중 하나인 조석 및 조류 조사와 홍수 시 담수 유입량에 따라 크게 바뀌는 수심을 측량하는 일은 매우 중요하다. 이런 업무를 수행하는 국립해양조사원의 역할이 그 어느 때보다 중요해 어깨가 무거운 것도 사실이다.

갯벌은 자손에게 물려줘야 할 소중한 공공의 유산이다.

이 갯벌은 생명체가 살아 꿈틀거릴 수 있도록 건강하게 유지돼야 한다. 이를 위해 국무총리를 위원장으로 하는 국가습지위원회(NWC, National Wetland Committee)가 조속히 설립돼 중앙 부처 간 습지에 대한 정책을 조율, 습지 보전의 큰 그림이 그려졌으면 한다.

우리의 갯벌은 하늘이 준 선물임을 다시 한번 상기하면서 정부와 국민 모두 갯벌과 습지 보전을 위해 지혜를 모아야 하겠다.

2006. 10. 3. 경인일보

독도 근해 충돌사건의 전말

최근 일본 교과서의 독도영유권 기술로 독도 문제가 다시 언론의 초점이 되고 있어 내가 겪었던 독도 관련 한일 간 충돌사건을 기록했으면 한다.

지난해 10월 10일자 산케이 신문은 아베 신조 전 총리가 한 심포지엄에서 언급한 사실을 보도했다. 보도 내용에 따르면 아베 총리가 관방장관 시절 한국의 독도 주변 해양조사를 일본이 방해했을 때 한일 양국이 총격전을 벌일 뻔했다는 것이다.

구체적으로 말하면 2006년 7월 한국 해양조사선의 독도 주변 해역 조사 시 일본은 해상보안청 순시선을 보내 중단을 요구했는데, 근처에 한국 해군함정이 있었고, 노무현 대통령이 은밀하게 위협사격 명령을 내린 상태여서 총격전이 발생할 것을 우려해 아베 관방장관 자신이 조사 저지

활동을 중단시켰다는 내용이다. 아베 전 총리는 센카쿠 열도(중국명 조어도·댜오위다오)에서 일어난 중국과 일본 간의 충돌 과정에서 관방장관의 역할을 설명하면서 독도 근해 충돌 사건을 언급한 것이다.

이러한 아베 전 총리의 일방적 주장은 사실관계에 맞지 않는데 나는 당시 국립해양조사원장으로 그 사건을 가장 잘 알고 있는 사람 중에 한 사람이므로 독도 근해 충돌사건의 전말을 알리고자 한다.

일본은 2006년 초부터 우리의 독도 근해 해저지명 결정을 핑계로 해양조사원 조사선의 독도 근해 조사활동을 저지하겠다고 천명하고 나섰다. 우리는 독도가 우리 땅이니까 어떠한 일이 있어도 우리 조사선의 조사 활동을 계획대로 해야 했고, 반대로 일본의 조사 활동은 막아야 했다.

그해 6월 독일의 브레머하벤에서 열린 국제회의에서 우연히 만난 일본 해상보안청 가토 수로부장에게 절대 양보할 수 없는 우리 입장을 알려주면서 우리 조사선은 정지하지 않고 순항하면서 조사 활동을 할 계획이니 조사 활동을 방해하지 말라고 했다. 그도 정지하지 않는다면 굳이 충돌할 필요가 없다고 했다. 귀국한 후 청와대 외교안보수석에게 순항조사 활동을 하면 일본이 방해를 하지 않을 것 같다며 계획대로 해양조사 활동을 하겠다고 보고했다. 참고로 가토와 나는 동해/일본해 명칭 관련 양국 간 회담에서 한번 격돌한 바 있어 서로 아는 사이였다.

다음 달인 7월 우리 해양조사선 "해양2000호"는 한일 양국 국민과 언론의 지대한 관심하에 부산항을 출항해 계획대로 조사 활동을 수행했다. 물론 우리 해양경찰청 경비정이 해양2000호를 호위했고 일본 해상보안청 순시선은 1-2km 떨어져 이를 지켜보았다. 무사히 조사를 마치고 일본이 주장하는 수역을 벗어나 해경 경비정 호위 없이 정지 상태에서 조사 활동을 하고 있다는 해양2000호의 보고가 있었다.

그런데 갑자기 교도통신 서울 지국장한테서 전화가 와서 일본 순시선이 우리 조사선에 총격을 가했다는데 사실이냐고 확인해달라고 했다. 나는 그런 보고를 받은 바 없다고 말하고 바로 해양2000호에 연락을 했다. 조사 단장을 불러 무슨 상황이냐고 물었다. 일본 순시선이 다가와서 자기네 수역이라고 하면서 물러가라고 경고 방송을 해서 30분째 실랑이 중이며 우리 해경 경비정에 도움을 청해 해경 경비정이 오는 중이라고 했다.

나는 일본 순시선이 총격을 가해왔냐고 물었다. 조사 단장이 우물쭈물 말을 하지 않아 다시 한번 다그쳤다. 총 쐈냐고. 쐈다는 것이다. 배에 총탄 자국 있냐고 했더니 총탄 자국이 있다고 했다.

깜짝 놀랐다. 왜 저들이 우리 해역에 있는 비무장 조사선에 총을 쐈지. 바로 상부에 보고했다. 우리 보고를 받고 대통령이 해경 경비정에 위협 사격 명령을 내렸는지 나는 알지 못한다. 하지만 내가 아는 진실은 우리가 위협사격을 한 적도 없고 인근에 우리 군함은 없었으며 다만 일본 순시선이 우리 비무장 조사선에 총격을 가했다는 것이다. 아베 전 총리는 일본이 먼저 총격을 한 사실을 언급하지 않고 자신의 결정으로 총격전을 피했다고 말하면서 무용담처럼 이야기하지만 일촉즉발의 긴장 상태를 야기한 것은 일본이다.

나는 당시 일본 순시선의 총격 행위가 계획적인지 우발적인지 지금도 의심스럽다. 교도통신이 나보다 먼저 총격 사실을 알고 나한테 문의해 왔다는 사실 자체가 석연치 않다. 어쨌든 일본 순시선은 우리 경비정이 접근하자 물러간 것은 사실이고 우리 조사선은 무사히 부산항으로 귀항했다. 나중에 확인해보니 외교부가 알고 있는 일본의 영해 기선과 일본이 새롭게 정한 영해기선이 달라 양쪽 주장 해역 간 몇 백 미터의 공백이 있었는데 그 사이에 해양2000호가 정지해 있어 충돌이 발생한 것이었다.

당시 기자들이 부산 감천항에 진을 치고 있었으므로 해양2000호가 부산항에 입항했을 때 기자들이 조사 단원들을 인터뷰했다면 일본 순시선의 총격 사실이 다음 날 신문 1면을 장식했을 텐데 우연인지 모르겠지만 해양2000호가 부산에 입항하는 날 북한이 동해로 미사일을 발사하는 바람에 모든 관심이 그리로 쏠리면서 독도 근해 충돌 사건은 제대로 된 사실 보도 없이 지나가버렸다.

2011. 4. 5. 인천일보

독도 해류 조사는 당연한 우리 권리

'해류 조사' 문제를 둘러싸고 나라 안팎이 뒤숭숭하다. 일본 정부는 우리의 예정된 독도 인근 해역에서의 해류 조사에 대하여 해상보안청 순시선까지 출동시켜 중단을 요구했으며 우리는 이러한 일본의 요구에 물러서지 않고 계획된 대로 해류 조사를 실시한 바 있다.

그동안 우리나라 내부에서도 우리 배타적경제수역(EEZ) 내에서의 과학조사 활동이므로 한 치도 물러서면 안 된다는 강경론이 있었는가 하면 '해류 조사'와 같이 별로 중요하지 않은 문제로 인해 한·일 간 갈등관계가 빚어지는 것은 바람직하지 않다는 유화론도 있었다.

그렇다면 도대체 '해류 조사'가 무엇이기에 나라 안팎에 이렇게 많은 논란의 소지를 제공하고 있는 것인가?

'해류 조사'란 말 그대로 어떤 해역에서 발생하는 일정한 바닷물의 흐름(해류)을 조사하여 관측된 결과를 분석함으로써 장기적으로 해류의 변화를 예측할 수 있는 모델을 개발하여 마치 기상예보처럼 해류에 관한 예측 정보를 제공하고자 하는 것이다. 해류에 관한 정보는 그 자체로서 항해와 조업을 위한 귀중한 정보로 항해자와 어민들에게 활용되고 있다.

사실 동해에서는 해류 흐름에 의해 물체가 하루 동안 최대 35km 이상 떠내려갈 수도 있으므로 해류에 관한 정보는 항해와 조업을 위해 반드시 필요한 자료 중 하나다.

또한 해류에 관한 정보는 조난사고가 발생할 경우 사람이나 조난 선박의 이동 경로를 예측할 수 있도록 해줌으로써 수색 작업에 도움을 주는가 하면, 해양 오염 사고가 발생할 경우 오염 물질의 확산 방향과 정도를 추정할 수 있도록 함으로써 방제작업에 도움을 주는 등 없어서는 안 될 자료다.

최근 포항 앞바다에 추락한 F-15K 사고 발생 시에도 그동안 축적된 해류에 관한 정보가 없었다면 수색에 상당한 곤란을 겪을 수밖에 없었을 것이다.

참으로 부끄러운 일이지만 사실 우리나라에는 전 해역에서 발생하는 해류 흐름에 대한 관측 자료인 해류도를 일제 치하에서 일본인들이 1930년대에 만든 것을 기준으로 삼고 있다. 지금 문제가 되고 있는 '해류 조사'는 우리 힘으로 만든 표준해류도를 만들기 위한 기초 자료를 준비하는 목적도 있다.

일본은 우리의 해류 조사에 왜 민감하게 반응하는가?

이를 위해 해양조사원에서는 이미 2000년부터 매년 각 계절별 해류를 조사해오고 있으며 앞으로 2009년까지 각 계절별 해류의 특성을 반영한 해류도를 완성할 계획이다. 일본 측은 바로 이러한 우리의 조사 활동에 대해 시비를 걸고 있는 것이다.

그렇다면 왜 일본은 '해류 조사' 문제를 놓고 민감하게 반응하고 있는 것일까? 일본 국내 정치에 원인을 찾는 사람도 있겠지만 가장 큰 이유는 우리가 비교적 독도 인근 수역에서 해양과학 조사 활동을 자유스럽게 펼쳐온 반면 일본은 그렇지 못하고 있다는 일본 측의 불만이 표출된 것이라 할 것이다.

우리나라가 1996년 비준한 유엔 해양법에 따르면 해류 조사를 포함한 이른바 '해양과학조사' 활동은 자국의 EEZ 내에서만 할 수 있으며 다른 나라의 EEZ에서 해양과학조사를 할 경우에는 당사국의 동의를 받도록 되어 있다.

현재 한·일 양국 간에는 EEZ 경계 획정을 위한 회담이 진행 중에 있으며 일본은 독도를 포함한 울릉도-독도 중간수역까지를 자국의 EEZ로 주장하고 있는 상황이다.

이런 상황에서 일본은 2000년부터 연례적으로 실시하고 있는 우리 측의 해류 조사 활동에 대해 시비를 함으로써 독도를 분쟁지역화하고 지금까지의 해양과학 조사에서 불리한 처지에 있는 상황을 반전시켜 향후 EEZ 협상에서 유리한 위치를 차지하려는 고도의 전략을 취하는 것이라고 볼 수밖에 없다.

국립해양조사원은 예정대로 해류 조사를 실시한다. 하지만 현재 우리가 실효적으로 지배하고 있는 독도에 대한 영유권이 우리나라에 있음이 역사적으로나 국제법적으로나 명백함을 감안할 때, 이러한 일본의 주장은 억지에 지나지 않는다 할 것이다. 더구나 독도에 대한 영유권 시비를 넘어 독도를 기점으로 하여 그 서쪽 해역까지를 자신들의 EEZ라 주장하는 것은 우리에 대한 훨씬 심각한 도전 행위라 할 것이며 우리는 이러한 일본측의 기도에 단호히 대처해나가야 할 것이다.

이에 우리 해양조사원은 일본 측의 이러한 의도와 상관없이 당초 계획대로 의연하게 추진해나갈 것이다. 일본 측 주장에 대해서 지나치게 흥분할 이유도 없고 일본 측의 방해에 공연히 의기소침할 이유도 없다. 다만 우리가 맡은 바 소임대로 차근차근 우리 일을 진행해나갈 뿐이다. 국민 여러분의 많은 관심과 성원을 부탁드린다.

2006. 7. 5. 국정브리핑

해양지명위원회 비사

얼마 전 국회에서 여야가 본회의장을 점거하는 희한한 광경이 펼쳐진 적이 있다. 미디어법 처리를 둘러싸고 서로 상대방을 믿지 못하는 상호 불신 때문에 벌어진 일이다. 서로 믿지 못하는 이러한 광경은 3년 전에 한일 관계에도 있었고 나도 관련이 되어 있었다.

3년 전 나는 국립해양조사원장으로 일하고 있었다. 4월 어느 날, 느닷없이 일본 수로부에서 독도 근해 해저 지형조사를 하겠다고 일본 항행통보에 공표하였다. 그 이유는 우리가 이미 독도 근해 동해 해저 지형 조사를 끝내고 그 자료를 근거로 해저 지명을 국제기구에 등록하려 하기 때문이라는 것이었다.

무슨 정보가 일본에 잘못 들어갔는지 우리가 해저 지형조사를 끝내고 해저 지형에 울릉분지, 이사부해산, 안용복해산 등 이름을 붙인 건 맞지만 국제기구 등록은 장기간에 걸쳐 추진할 계획이었는데 일본은 우리가 바로 등록하는 것으로 알고 있었다. 국제기구에 이름을 등록하기 위해서는 세밀한 조사 자료가 필요한데 일본은 일제 강점기에 개략적으로 조사한 자료밖에 없어 좀 더 세밀한 조사가 필요했던 모양이다.

일본 해양조사선의 독도 근해 및 배타적 경제수역 조사는 곧바로 외교적 현안이 되었고 언론에서 이를 대서특필하기 시작했다. 양국 간에 몇 차례 설전이 오고 간 뒤 경색된 환경하에서 서울에서 양국 외무차관 회담이 열렸다.

그날 9시 뉴스를 보다 보니 서울에 온 일본 외무차관 뒤에 일본 수로부 가토 과장(다음해 수로부장이 됨)이 수행하고 있었다. 나는 동해/일본해 명칭 논의를 위한 회담에서 하루종일 그와 논쟁을 한 적이 있어 그를 똑똑히 기억하고 있었다.

양국 외무차관회담에서 이번에는 양국 모두 국제 해저지명위원회에 등록을 하지 않고 일본도 해양 조사를 하지 않은 것으로 합의가 되었다. 어차피 우리도 등록 준비가 안 된 상태이기 때문에 이런 합의에 아무런 부담이 없었다. 다만, 우리 해양조사선의 8월 독도 근해 해양 조사에 대해서 일본은 중지를 요청했고 우리는 우리 영토 안의 해양 조사는 주권적 권리이므로 수행하겠다고 해 합의가 이뤄지지 못했다.

그해 6월 국제해저지명위원회는 2006 월드컵이 개최되는 독일의 브레멘하벤이라는 조그만 도시에서 열렸다. 나는 8명 정도의 대표단을 이끌고 브레멘하벤 소재 호텔에 도착하여 여장을 풀었다. 몇 가지 중대한 사명을 띠고 간 상태였으므로 가슴은 답답했다.

우선 양국 합의대로 이번 회의에는 해저 지명 등록 신청을 하지 않지만 일본을 믿을 수 없으니 일본이 기습적으로 등록 신청을 하면 우리도 등록

신청을 해야 한다는 것이다. 두 번째로 국제해저지명위원회에 일본 위원은 한 명 있지만 우리는 없으므로 우리 위원을 한명 진출시키고, 셋째로 해저지명위원회의 다음 번 회의를 우리나라에 유치하는 일이었다.

해양박물관에서 열린 첫날 회의에서 우리는 업저버로 참석해 뒷좌석에서 위원들의 회의를 지켜보았다. 일본은 위원 한 명만 회의에 참석하고 있었고 아무도 보이지 않았다. 회의 중 특별 안건으로 영국 출신 위원장이 국제해저지명위원회 위원 추가 선임을 기습 제안했고 일본 위원이 반대를 했지만 러시아 위원이 현재 위원이 11명이므로 한 명이 추가 선임되어도 한다고 밀어붙여 지질자원연구원 한현철 박사가 위원으로 선임되었다. 우리 관계기관의 사전 정지 작업이 빛을 발한 순간이었다.

거기에다가 일본 위원의 미숙한 영어 실력도 도움이 되었다. 이로써 우리는 일본과 대등한 위치에서 해저 지명을 논의할 수 있게 되었다. 첫날 회의는 그 정도로 끝났고 진짜 해저 지명 토의는 다음 날부터였다.

그날 저녁 식사를 하기 위해서 우리 대표단 8명이 호텔에서 나왔는데 브레멘하벤이라는 도시가 워낙 작아서 그런지 한국 식당도 일본 식당도 없었다. 물어물어 중국 식당을 찾아 자리를 잡고 식사하던 중 일본인 10여 명이 들어왔고 그중에 가토 과장도 있었다. 서로 깜짝 놀랐다. 그들은 서둘러 나갔는데 나는 가토 과장을 불러 내일 정오에 근처 호텔 커피숍에서 만나자고 하였다. "저 친구들이 어디 숨어 있었던 거지", "왜 첫날 회의에는 참석하지 않았지", 머리가 복잡해졌다.

다음 날 정오에 가토 과장을 만났다. 당신들 왜 왔느냐고 물었더니 나는 왜 왔냐고 되물었다. 우리나 일본이나 합의를 해놓았지만 문서로 된 합의가 아니므로 서로를 믿지 못해서 별도로 대표단을 보낸 것이었다.

다만 우리는 회의에 업저버로라도 얼굴을 내민 것이고 일본 측은 숨어서 대표를 지원하라는 지시가 다르다면 다를 뿐이었다.

내가 일본 측에 해저 지명을 신청할 거냐고 물었더니 한국이 신청할까 봐 준비해온 것이니 한국이 신청하지 않는다면 그럴 일이 없단다. 수석 대표인 우리 둘이 신사협정을 맺었다. 회의 기간 중 서로 믿고 신청하지 말자고. 내가 지금 월드컵 기간 중이니 마음 편하게 월드컵 응원이나 하고 가자고 제안했고 그해 2월 일본에서 폭탄주를 함께 했던 그와 나는 그렇게 마음이 통했다.

가토가 물었다. 한국 사람 위원으로 진출시키는 공작을 언제부터 했냐고. 자기넨 그거 대비 못 해서 일본 가면 죽었다면서. 내가 그 사실이 사전에 일본에 알려졌으면 한국 측에서 이번에 위원이 될 수 있었겠냐고 반문했다. 우리는 8월의 독도해양조사에 대해서도 협의했다. 나는 우리는 조사를 꼭 해야 하니 방해하지 말라고 했더니 그는 일본도 양보할 수 없다고 했다. 내가 우리 조사선을 정지시키지 않고 순항하면서 조사할 테니 일본 순시선이 접근하지 말 것을 주장했고 그는 침묵하며 고개를 끄덕였지만 나는 묵시적인 동의로 받아들였다. 가토를 만나고 나니 마음이 편해졌다.

다음 날 여전히 일본은 위원 1명만 회의에 참석했고 한현철 박사는 공식 위원으로서 해저 지명을 논의했다. 서로 긴장을 푸니 회의는 순조로웠다. 마지막 날 나는 업저버로서 발언권을 얻었다. "우리 동해 연안의 해저 지형은 한국 EEZ 내에 있음에도 불구하고, 한국의 동의 없이 쓰시마 분지니 순요퇴니 하는 이름으로 명칭이 결정되어 국제기구에 등재되었다. 지금은 이 문제를 논의하지 않지만 언젠가는 이러한 문제를 제기하겠다"라고 말했다.

나의 이 발언은 며칠 후 요미우리 신문에 그대로 실렸다. 회의석상에 기자도 없었고 시골에서 열리는 그리 중요한 회의도 아닌데 일본 기자들 대단하다는 생각이 들었다. 회의 말미에 다음 회의 장소로 한현철 박사가 제주를 추천했고 일본 사람들이 어리둥절해 하는 사이 일사천리로 다음 회의 장소는 제주로 결정되었다. 가토와 우연히 만나 서로의 신뢰 관계 속에서 기존의 합의를 지키게 된 셈이었다.

회의 마지막 날은 한국과 스위스의 월드컵 게임이 열리는 날이었다. 나와 한현철 박사만 남고 나머지 대표단은 하노버로 응원하라고 보냈다. 한 박사와 호텔에서 월드컵 중계를 보려고 했더니 독일 TV에서 한국/스위스전은 중계하지 않는다는 것을 알게 되었다. 독일 TV에서는 한 개 채널만 월드컵 중계를 했는데 독일 사람들이 프랑스/토고 전에 관심이 많아 프랑스 게임만 중계를 했다. 할 수 없이 케이블 채널을 방영해주는 스포츠 펍을 찾아갔다. 거기서도 프랑스/토고 전을 10분 보여주다 한국/스위스전을 10분 보여주는 식이어서 중요한 장면은 보지도 못했다.

결국 월드컵 개최 국가에 가서 정작 우리나라 대표팀의 게임은 제대로 보지도 못하고 거기다가 경기까지 져서 우울한 날이 되고 말았다.

2009. 8. 19.

3부

젊은이는 미래다

5장

젊은이는 미래다

그냥 쉰다는 젊은이에게

얼마 전 언론에서 우리나라 15세 이상 취업가능인구 중 163만 명이 집에서 그냥 쉬고 있다는 통계가 소개됐다. 좀 더 주의 깊게 그 통계를 보면 취업 준비생과 구직 등록자 그리고 그냥 쉬는 인구를 모두 합하면 우리나라에 실업 상태의 인구가 300만 명이 넘는다.

많은 젊은이들이 영혼을 팔아서라도 직장을 구하고 싶다고 하는 걸 보면 그 처절한 심정과 청년 실업의 심각성을 이해할 수 있다. 취업의 눈높이를 낮추라고 권고를 하지만 그게 쉽지 않다는 것도 잘 안다. 취업 준비생과 구직 등록자는 그래도 적극적으로 취업 활동을 하는 사람들이므로 조금만 더 노력해주기를 바라지만 그냥 쉰다는 젊은이들에게는 하고 싶은 말이 있다. 그냥 쉰다는 것은 취업을 위해 아무것도 하지 않는 것이다.

그래서는 꿈을 지닌 젊은이답지 못하다. 그냥 쉬는 사람은 필요한 사람을 찾지 못해서 힘들어 하는 기업도 많다는 것을 알아야 한다. 그런 곳에 들어가기 위한 기술을 익히면 어떨까.

예를 들어 요즈음 최대 호황을 맞고 있는 조선소들은 용접 기술자가 모자라 아우성이다. 그래서 정년 퇴직자들을 다시 불러서 계약직으로 다시 근무시키는 형편이다. 그만큼 용접 기술을 가진 젊은이들이 없기 때문이다. 용접 기술자가 많은 울산과 거제는 1인당 소득이 평균 4만 달러로 최고 선진국과 유사한 생활 수준, 그리고 소비 수준을 자랑하는 지역이다.

얼마 전 법대 출신 사시 준비생이 10년 간 고시에 실패하고 용접 기술을 배워 조선소에 취직하여 설날에 떳떳하게 고향을 찾았다는 기사를 본 적이 있다.

그냥 쉬지 말고 미래를 위해서 기술을 습득하면 자신의 상품가치를 높일 수 있다.

연안 해운업계에도 선원 구인난이 너무 심해 배를 운항하지 못할 지경이다. 화물은 있는데 선원이 없어 배로 수송하지 못하는 일이 발생하고 있다.

우리가 찾는 선원들은 허드렛일하는 부원선원들이 아니라 화물선, 유조선, 여객선 등을 조정할 줄 아는 해기사들이다. 부원들은 할 수 없이 미얀마 등에서 송출받아 일부 고용하고 있지만 우리나라 배를 운항해야 하는 우리 기술자인 해기사들이 부족한 것이다.

3D 업종이라고 생각하지 말고 기술을 배운다는 측면으로 접근하면 어떨까. 직업훈련 기관에서 용접 기술이나 선박 조종 기술을 용돈까지 주면서 무료로 가르쳐주는데 그냥 쉬기보다 그런 곳에서 일단 기술을 배워 자격증을 따놓으면 어떨까.

해기사들은 과거 마도로스라 불리며 오대양 육대주를 자유롭게 다니던 직업이다. 우리나라의 많은 해운회사 CEO들의 상당수가 마도로스 출신들이다.

2007년 여름 카누의 맨 앞자리에서 한국해양소년단연맹 소속 학생들을 태우고 강을 횡단하는 모습. 쉬는 젊은이들이 기술을 익혀 선박에도 승선했으면 좋겠다.

그런데 지금 우리 연안 해운업계를 보면 선원들의 평균 연령이 55세를 넘었다. 젊은이들은 3개월만 교육받으면 되는데 아무리 모집을 해도 오지 않기 때문에 발생하는 기현상이다.

나중에 부자가 되어 근사한 요트를 움직일 때도 해기사 자격증은 필요하다. 해기사 자격증만 따면 취직할 곳이 너무나 많기 때문에 언제라도 자신의 의사에 따라 취직할 수 있고 그냥 쉬지 않아도 된다. 육상보다 봉급이 많으면 많지 적지는 않다.

그냥 쉬는 젊은이들이 틈새시장을 찾아 기술을 익히고 선박에도 승선해주기를 바란다.

2008. 4. 3. 인천일보

성공한 사람들은 어떻게 했나

얼마 전 부산과 인천의 국립해사고등학교에서 학생들에게 도움이 될 만한 강연을 해달라는 요청을 받았다. 내가 무슨 얘기를 해줄 수 있을까 고민을 하다가 몇 가지 주제를 가지고 가서 두 학교 재학생들을 대상으로 한 시간씩 강연을 했다.

해사고등학교 학생들은 앞으로 우리나라 선박에 승선해 해운을 이끌어 나갈 동량이고 다른 고등학생들과 달리 일찍부터 직업인으로서 자신의 진로를 결정한 주관이 뚜렷한 학생들이기 때문에 그에 맞는 얘기를 해줄 필요성이 있었다.

그때 강연한 내용 중 일부를 아래에 적는다.

요즈음 베스트셀러 중 하나인 말콤 그래드웰의 《아웃라이어》를 참조하면 성공의 기회를 발견한 사람들의 특징적인 면을 알 수 있다. 역사적으로 천재이기 때문에 성공한 경우는 없다. 어느 분야에 재능이 있다고 성공이 보장되는 것은 절대 아니며 재능에 더하여 부단한 연습을 한 경우에만 자신의 분야에서 최고 중의 최고 그랜드 마스터가 될 수 있다.

아무리 재능이 있는 사람이라도 노력하는 사람에게는 절대 당해낼 수 없으며 고통 없이 성취할 수 있는 것은 아무것도 없다. 다시 말해서 성공은 무서운 집중력과 반복적 학습의 산물이다. 말콤 그래드웰은 연습시간의 매직넘버를 1만 시간이라고 했다. 즉, 자기가 좋아하는 분야에 1만 시간을 투자해야 성공의 빛을 볼 수 있다는 것이다.

예를 들어보자. 모차르트의 걸작은 작곡을 시작한 지 10년이 흐른 후 나오기 시작하고 위대한 작품들은 작곡을 시작한 지 20년이 지나서야 나오기 시작한다. 빌 게이츠는 중고등학교 5년 동안 당시에는 오직 그가 살던 동네에서만 가능했던 집채만 한 컴퓨터를 공짜로 사용했고 거의 매일 쉼 없이 프로그래밍을 했다. 그 결과가 하버드 대학을 중퇴하고 마이크로소프트사를 세우는 밑거름이 되었다.

록밴드의 전설이자 시조인 비틀즈도 함부르크의 허름한 클럽에서 급료도 제대로 받지 못하면서 하루 8시간 일주일의 7일 밤을, 1960년부터 1964년까지 연주했다. 그동안 연주 실력은 좋아지고 노래에 마음과 영혼을 담으려 애썼다. 그리하여 리버풀로 돌아온 후 차별화된 소리를 내면서 비틀즈가 탄생하게 되었다.

나는 우리 시대 우상이었던 차범근과 같은 대학을 다녔는데 새벽부터 혼자 나와 대운동장에서 연습하는 선수는 차범근밖에 보지 못했다. 남들이 잘 때 남들보다 한두 시간 더 연습하는 그 모습이 위대한 축구선수를 만들었다.

김연아가 올림픽 금메달을 딸 때까지 얼마나 연습했을까 상상해보자.

요즈음의 아이돌 스타들도 1만 시간 이상의 연습생 시절을 거치지 않으면 데뷔하지 못하며 아무리 공부를 좋아하는 사람도 1만 시간 이상을 투자하지 않으면 사법시험을 합격하지 못한다.

노벨상 수상자들이나 위대한 학문적 업적을 남긴 사람들을 살펴보면 IQ는 그리 중요한 요소가 아니었다. IQ가 일정 수준 이상이면 그 사람의 노력과 집중도가 중요한 요소가 되었다.

물론 성공을 하거나 특정 분야의 고수가 되기 위해서 노력 이외의 다른 요소도 있다. 가정환경을 비롯한 그가 자란 환경도 중요하고 문화적 배경, 시대적 배경도 중요하다. 그러나 그것들은 자신이 통제할 수 없는 요소이기 때문에 논외로 한다면 성공을 위해서는 부단한 노력과 반복적 학습이 가장 중요한 요소라고 볼 수 있다.

아울러 성공한 사람들은 기회를 적극적으로 활용했다. 《바람과 함께 사라지다》를 쓴 마가렛 미첼 여사는 출판사 사장에게 원고를 넘겼지만 출판사에서는 무명 작가의 원고를 거들떠보지도 않았다. 미첼 여사는 전보와 전화로 출판사 사장에게 끈질기게 졸랐다. "내 원고 읽어보셨어요?"라고. 결국 원고를 읽어본 출판사 사장에 의해 불후의 명작 《바람과 함께 사라지다》가 탄생하게 되었다.

영화배우 이준기는 또한 어떠했는가. 〈왕의 남자〉 오디션에서 수천 대 일의 경쟁을 뚫고 공길 역을 쟁취함으로써 오늘의 이준기가 될 수 있었다. 이준기는 오디션에서 공길이라는 인물의 성격을 확실히 파악한 데다가 스스로 창의적인 해석으로 극중 인물에 생명력을 불어넣어 이준익 감독의 눈에 들 수 있었다. 기회를 놓치지 않으려는 적극적인 태도가 그를 성공으로 이끈 것이다.

성공하는 사람들의 습관에 대한 것도 많이 회자되고 있다. 언젠가 TV에서 경남 함안의 가야고등학교 1학년생을 대상으로 실시한 실험을 보았다. 중ㆍ하위 등수 학생 3명에게 1등이 하는 습관대로 6개월만 하면 용돈을 배로 올려주겠다고 하고 1등의 습관을 따르게 했다.

그 결과는 놀라운 성적 향상이었다. 1등 하는 학생은 아침에 스스로 일어나고 30분 이내에 학교 갈 준비를 마치며, 수업 시작 20분 전에 도착해 그날 공부할 내용을 훑어보고 쉬는 시간 마다 공부한 내용을 복습하며, 집에 돌아와서는 그날 공부를 복습하고 숙제를 하고 난 후 게임도 하고 자유롭게 놀다 잠이 든다. 부모는 아무 간섭도 하지 않았다.

우선순위를 아는 자기 주도, 자기 결정력이 얼마나 중요한가를 보여주는 사례다. 그만큼 생활태도와 습관이 중요하다.

끝으로 양재역 화장실에서 소변을 보다가 '성공한 사람들의 일곱 가지 습관'이라고 벽에 붙여 놓은 것을 보았는데 여기에 그대로 옮겨본다.

적극적이 되라

목표를 확립하고 행동하라

소중한 것부터 먼저 하라

상호이익을 추구하라

경청한 다음에 이해시켜라

시간을 잘 활용하라

심신을 단련하라

2010. 6. 28. 해운스케치 2010 여름호

삶에 도움이 되는 얘기

얼마 전 부평문화원에서 주최한 조찬 강연에서 삶에 도움이 되는 좋은 얘기를 들어 여기에 소개하고 싶다.

연사는 퇴계학연구원 이용태 이사장이었는데 본인은 '행복 전도사'라면서 아이들 인성교육에 남은 생을 바치고 싶다고 하셨다. 그분은 사례를 들어 말씀하셨는데 가장 선명하게 기억나는 것을 옮겨보고자 한다.

어떤 어머니가 자기 아들 친구가 자기 집에 놀러와서 한 행동을 보고 놀라워서 한 얘긴데 두 아이의 대화 형식으로 옮겨보겠다. A가 그집 아이. B가 놀러온 아이다.

A: 야! 어서와 신난다. 아이스크림 꺼내 먹자.
B: 근데, 너희 집에 할머니 계시지. 할머니한테 먼저 인사하자. 할머니

어디 계시냐.

A: 응. 저 방에.

B: 할머니 안녕하세요. 건강하시죠.

할머니: 그래. 네 이름이 뭐니. 재미있게 놀아라.

B: 예. 할머니. A야, 원래 C도 같이 놀기로 했는데 왜 C는 안 불렀니?

A: 걔는 자식이 치사하고 쩨쩨해서 안 불렀어. 우리끼리만 놀자.

B: C는 쩨쩨한 게 아니야. 아버지가 일찍 돌아가셔서 집안이 어려워서
그런 거야. 그럴수록 우리가 같이 놀아줘야지. 다음부터는 같이 놀자.

어머니: 근데. 너는 아이스크림 안 먹니?

B: 예. 몸이 너무 뚱뚱해져서 엄마랑 단 음식이나 간식은 안 먹기로 약
속했어요. 엄마랑 한 약속 지키려구요.

어머니: 넌 학원 안다니니?

B: 학교 공부도 따라가기 힘들어서 학교 공부 복습에 열중해요. 모르는
것은 일요일 날 한꺼번에 모아서 과외 선생님한테 물어봐요.

이 이사장은 이 사례를 통해서 인성교육이 얼마나 중요한가를 강조하
고자 했다. 효심과 배려심 그리고 인내력, 자기 결정력이 있는 아이가 많
을수록 우리나라의 장래도 밝다면서.

세상에 교훈이 되는 얘기나 책들은 수없이 많다. 하지만 교훈을 백 번
들어도 실천하도록 습관이 들지 않으면 아무런 소용이 없다. 한 달에 한
시간씩만 엄마와 아빠가 아이들 인성교육에 투자한다면 가정이 변화하고
아이들 잠재의식을 깨우쳐줄 수 있다고 한다. 실제 동해교육청에서 학부
모한테 한 달에 한 시간 인성교육 방법을 가르쳐서 많은 효과를 보았다는

말씀도 하셨다.

통상 우리는 사람을 평가할 때 그 사람의 껍데기만 보고 평가하는 경향이 있다. 집안이 부자이고, 일류대 나오고, 얼굴이 잘생겼으면 점수를 딴다. 그리고 그런 사람일수록 행복할 거라고 지레 짐작한다.

하지만 내면이 꽉 찬 사람이 행복한 사람이 아닐까.

이 이사장은 인생의 목표를 성공, 행복, 사회 공헌으로 잡는다면 이런 마음가짐으로 살아야 한다고 강조했다.

남의 입장에 서서 생각하라. 항상 밝은 표정을 지어라. 신의를 지키고 옳고 그른 것을 확실히 하라. 마음을 잡아 유혹과의 싸움에서 자신을 이기자. 가진 것에 감사하고 행복한 마음을 갖자. 자신의 목표한 바를 이루기 위해 어려움을 극복하자. 계획을 세워 살자. 중요한 것은 반드시 생각을 해보고 결정하라. 중요한 것부터 맨 먼저 하라. 부모님께 매일 전화하라.

웹진 2010년 10월호

변도성 · 권석재

변도성과 권석재는 내가 자랑스러워 하는 젊은 전문가들 이름이다.

몇 년 전 인천에 소재한 국립해양조사원에서 원장 자리를 맡은 적이 있다. 해양조사원은 수십 년 동안 우리나라 주변 해역에서 일어나는 해양 현상에 대한 자료를 축적해놓고 있었다.

자료 축적에 비해 활용도는 미흡한 실정이어서 그동안 조사한 자료를 효율적으로 활용하기 위해 연구직들을 처음으로 채용하기로 했다. 총 6명 모집하기로 하고 공고를 냈더니 수많은 해양학 전문가들이 지원을 해왔다.

우리나라에 그렇게 우수한 자격을 갖춘 해양학자들이 많은지 나는 그때 처음 알았다. 유명한 외국 대학 출신 해양학 박사들도 많았다. 우수한 연구원들을 뽑기 위해 직접 면접을 했다.

면접 때 받은 인상은 그들의 가슴에 쌓인 울분이 대단하다는 것이었다.

외국에서 해양학 박사학위를 받아 청운의 꿈을 안고 귀국했는데 우리나라에서 써주는 곳이 없었다고 했다. 그래서 이곳저곳에 시간강사나 하고 연구과제 수행하는 곳에 단기적으로 참여하는 식으로 살다보니 자괴감을 느끼며 산다고 했다.

어떤 지원자는 결혼해야 하는데 정규직장이 없어 못 하고 있다고 꼭 합격시켜달라고 했다. 7급 공무원에 불과한 연구직 자리에는 어울리지 않을 정도로 실력을 갖춘 지원자들이라 모두 다 합격시켜주고 싶었다. 실력이 있어도 취직 자리가 없어 실력을 발휘 못 한다는 사실에 정말 가슴이 아팠다.

당시 모 언론에 언급되었던 '영혼을 팔아서라도 취직하고 싶다'는 20대 젊은 청년들의 호소가 오버랩되는 순간이었다.

나는 그중 6명에게 기회를 줄 능력밖에 없었다. 안정된 직장에서 마음껏 연구할 수 있는 기회를 주었다. 내가 해양학에 조예가 깊은 사람이 아니라서 그들의 능력에 대한 확신은 없었다. 그저 기회만 주었을 뿐이다.

그런데 훗날 놀라운 일이 벌어졌다. 세계 3대 세계인명사전 중 하나인 미국 '마르퀴스 후즈 후'에 작년에는 '2008년 세계 100대 과학자'로 변도성 연구사가, 금년에는 '2009년 세계 100대 과학자'로 권석재 연구사가, 그리고 '2010 세계 100대 과학자'로 이은일 연구관이 선정돼 등재되었다는 기사를 읽었다.

그때 합격했던 여섯 명 중 세 사람이다. 가슴이 뭉클했다. 이제야 실력 있는 인재들이 빛을 보고 있구나 하는 감격이 북받쳤다. 그리고 고마웠다. 묻혀 있던 해양 자료들을 제대로 활용해주었기 때문이다.

우리 젊은이들은 실력이 있고 능력이 있다. 자기에게 맞는 일자리만 주어지면 위대한 성과를 창출해내고 있다. 훌륭한 젊은이들이 실력을 발휘할 수 있도록 제대로 된 고용기회가 정말 많이많이 생겼으면 좋겠다. 쓸데없는 규제를 철폐하고 투자하는 기업과 사람을 유치해서 우리 젊은이들이 뜻을 펼칠 수 있는 고용 창출이 이뤄져 모두가 행복해졌으면 좋겠다.

2009. 10. 13. 인천일보

아이들 소질 찾아주기

나는 자신이 가장 좋아하고 소질이 있는 일을 직업으로 삼고 있다는 사람들이 제일 부럽다. 누구나 자신이 가장 좋아하고 가장 잘할 수 있는 일을 직업으로 택한다면 가장 행복할 것 같다. 그래서 어린 시절 아이들의 소질이나 장점을 찾아주는 것이 그 아이의 장래의 성공과 인생을 위해 아주 중요한 과제라고 생각한다.

내 경우 대부분의 사람들처럼 내가 제일 잘할 수 있는 것이 무엇인지 내 장점이 무엇인지 모르고 그냥 그렇게 살아온 것 같다. 내 어린 시절 어떤 아이는 자기 소질을 찾았고 어떤 아이는 그렇지 못했다.

내가 태어나서 자란 부평은 내가 어릴 때만 해도 미군부대가 있었고 많은 어른들이 미군부대에서 일했으며 대부분의 어른들은 부평시장에서 장사하거나 외곽 지역에서 농사를 지었다. 부평 지역 외에서 오신 좀 배우신 분들이 선생님이거나 공무원이거나 한전 직원들이었고 지금은 GM인 신진자동차에도 근무했다.

우리 부모님은 좀 성공한 시장 상인이셨고 그래서 우리 집은 동네에서 몇 안 되는 텔레비전이 있는 집이었다. 부모님은 장남인 나에게 기대가 크셨는데 좀 여유가 있으셔서인지 초등학생인 나에게 바이올린을 배우러 다니게 하셨다. 그때 같이 다닌 친구 중에 송골매로 활동했던 구창모가 있었고 또 유형택이란 친구가 있었다. 창모와 형택이는 음감도 뛰어나고 악기 연주도 잘했다. 그러나 나는 음감도 제대로 없는데다 소질도 없어 바이올린 배우러 다니는 것이 고역이었다. 나는 부모님께 떼를 써서 겨우 바이올린을 그만두었다. 음악에 소질이 있었던 구창모는 결국 음악으로 성공해 스타 가수가 되었고 형택이는 지금도 음악을 즐기며 살고 있다.

나같이 음악에 소질 없고 취미 없는 사람은 남들의 음악을 즐기기만 하면 되고 노래방에서 박자만 맞추면 족하다. 우리가 초등학교 시절 부평에는 중학교가 없어 상급학교에 진학하기 위해서는 서울이나 인천으로 가야 했다. 여유 있고 좀 배운 부모님들 중 일부가 자식들을 서울로 진학시키셨고 상급학교 진학을 원하는 나머지 아이들은 대체로 인천으로 진학했다. 나중에 창모가 가수가 된 다음에 창모가 인천으로 진학했으면 어떻게 되었을까 생각해보았다. 아마 가수가 되긴 어려웠을 거다. 창모는 배재중·고로 진학했는데 학교 분위기의 영향도 받았을 거고 교통 통신이 발달한 지금과 달리 당시만 해도 서울의 유행은 앞서갔기 때문에 새로운 음악에도 접할 수 있었을 것이다. 대학시절 창모가 딴따라 한다고 해서 공부 잘하던 창모가 버렸구나 했는데 그는 그의 소질을 제대로 발견한 것이었다.

나는 예술 분야나 과학기술 분야 등에는 젬병이었다. 대신 체육에 관심이 많았고 사회 역사 분야에 흥미가 많았다. 초·중등학교 시절 동네 야구는 야구 글러브가 몇 개 없었다. 당시 모든 포지션 중에 포수가 제일 중요했는데 내가 공을 제일 잘 받아서 포수를 도맡아 했고 축구를 하면 골을 잘 넣어 유세비오란 별명이 있었다. 누구는 좋은 음악을 들으면 희열을 느낀다고 하는데 나는 좋은 운동경기를 보면서 흥분을 느낀다. 고등학교 시절 물리와 화학에 흥미가 없어 전혀 공부하지 않았고 모의고사를 보면 2점, 4점을 맞았다. 당연히 전체 석차는 별로 좋지 않았다.

다행히 고대에서 과학을 보지 않고 입시를 치를 수 있어서 고대 법대에 지원했고 합격했다. 요즈음 같이 다 잘해야 하는 시절이라면 어림없는 얘기다. 내 친구 중에 수학과 물리, 화학에는 뛰어난 정승업이라는 친구가 있었는데 영어, 국어가 약해 건국대에 합격했다. 대학 1학년 때인 그해 3월 박정희 대통령 지시로 서울공대 기계설계과 50명을 추가로 모집했는데 시험과목이 딱 수학, 물리, 화학 3가지였다. 승업이는 수백 대 1의 경쟁을 뚫고 합격하여 서울대생이 되었다. 그 후에도 그는 인문 분야 때문에 학교 다니며 고생을 했는데 그래도 지금 같으면 절대 서울대에 가지 못했을 텐데 운이 좋았다.

내 아들이 초등학교 시절 유소년 클럽에서 축구를 했는데 그 클럽이 MBC배 준결승까지 진출해 TV 실황 중계까지 해줘 녹화를 한 적이 있다.

아이들이라 다 축구를 좋아했지만 유난히 수준이 다른 한 아이가 있었다. 그 아이가 있었을 때와 없었을 때 팀은 완전 딴판이었다. 축구선수가 되고 싶어 하는 아들에게 그 아이보다 잘할 수 있냐고 물었다. 결국 특출한 그 아이만 축구가 직업이 되었고 나머지 아이들은 축구가 취미가 되었

유치원에 다니던 아들과 함께 찰흙으로 작품을 만들면서 도란도란 얘기를 주고받던 게 엊그제 같은 데 아들은 어엿한 대한민국 국군으로 국방의 의무를 다하고 있다.

다. 운동이든 예술이든 그 분야의 최고가 되기는 더 어렵다. 그래서 아이들에게 공부를 시킬 수밖에 없는지도 모른다. 그러나 공부도 어학에 소질 있는 아이가 있고 수학이나 과학에 소질 있는 아이가 있다. 아이의 소질을 찾아내 그 소질을 키워주는 것이 참 어렵지만 그런 과정을 거쳐 아이들의 소질을 찾아준다면 얼마나 좋을까. 피겨의 김연아, 수영의 박태환, 바둑의 이세돌, 피아노의 정명훈, 소설의 신경숙, 축구의 박지성처럼.

아이들의 행복한 미래를 위해 이런 꿈을 꾼다. 어린 시절 아이들에게 이런 저런 것들을 다 해보게 하고 좋아하는 것, 잘하는 것을 골라줄 수 있다면 그 아이들의 삶이 보다 풍요롭지 않을까. 교육당국이 어린이 소질 찾아주기를 국가적 사업으로 해보면 어떨까.

행복하고 성공하는 아이들이 많아졌으면 좋겠다.

웹진 2011년 6월호

영어? 영어! 영어

　최근 우리 사회에 영어교육 열풍이 거세다. 영어를 못하면 취직이든 승진이든 여러 분야에서 손해를 볼 수밖에 없는 사회적 분위기가 형성되고 있다. 국제화, 글로벌화가 주요 화두가 되고 있는 작금의 현실에서 영어의 중요성은 아무리 강조해도 지나치지 않는다. 특히 외국인 백만 명 시대를 살고 있는 우리나라에서 세계 속의 도시를 표방하는 인천에서라면 영어는 앞으로 필수 언어가 될 것이라고 본다.

　현 상황에서 어떻게 해야 보통 시민들이 영어를 잘하게 할 수 있을까. 부모들은 유치원 시절부터 아이들에게 영어를 가르치느라 난리고 지자체들은 적자를 감수하면서까지 영어마을을 세우고 있다. 그렇게 배워봐야 인사말이나 할 줄 알까. 금방 잊어버리고 외국인이 길만 물어봐도 피하는 현상은 여전하다.

그렇다면 어떤 방법이 있을까. 난 20여 년 전 스웨덴에 유학할 때 스웨덴 사람들이 자유롭게 영어로 대화하는 것에 깜짝 놀란 적이 있다. 고등학교만 나오면 시골의 농부건, 슈퍼마켓의 점원이건, 아파트 청소부건 다 영어로 자신 있게 말했다. 물론 문법은 좀 틀리지만 전혀 개의치 않았다. 저렇게 자신 있게 영어를 할 줄 아는 비결이 무엇일까 궁금했다. 그 비결은 많이 듣는 것이었다.

　학교에서는 영어를 할 줄 아는 선생님이 영어로 영어를 가르치고 있었고, TV 영화는 더빙처리 없이 원어로 방송되고 자막만 자기네 말로 처리하고 있었으며, 라디오를 틀면 유럽 소식을 영어로 전하는 채널이 있었다. 몇 년 후 제네바에 근무할 때 스위스도 똑같았다. 더빙 없는 TV, 영어 라디오, 영어로 강의하는 영어 선생.

　영어를 실용적 현실적으로 가르쳐야 한다는 사람들의 주장은 그래서 일리가 있다. 요즈음 같이 국경이 없는 시대에 원어민과 유학파는 사교육 시장에서 영어를 영어로 가르치고, 한국말로 영어를 가르치는 교사가 학교에 있다는 것은 넌센스다. 영어로 말하는 사람을 소정의 교육만 시켜 영어 교사가 될 수 있도록 해야 하고, 24시간 영어 라디오 방송, 더빙 없는 TV방송을 실현해야 한다. 더빙 없는 방송이 당장은 성우들 일자리를 뺏을지 모르지만 먼 장래에는 우리 아이들 일자리를 만들어줄 것이다.

　대부분의 유럽 사람들은 영어가 모국어는 아닌데도 외국 여행이나 외국인과 비즈니스 할 때 불편 없이 영어를 구사한다. 독일 사람도 프랑스 사람도 네덜란드 사람도 스페인 사람도 다 영어를 한다. 듣는 영어의 위력은 이만큼 대단하다.

　그렇다고 자기 나라 말을 잊는 사람은 아무도 없다. 요즈음에 미국 각

도시에 한국 TV, 한국 라디오 방송이 있다. 그 덕에 재미교포 2세, 3세들은 한국말을 잊지 않고 있으며 한국에 있는 아이들과 마찬가지로 우리 노래를 따라 하고 한류 스타에 열광한다. 부모들이 바빠도 2세, 3세들이 우리말을 이렇게라도 들을 수 있어 우리말을 잊지 않는 것이다.

영어를 제대로 가르칠 수 있는 사람에게 영어 교사가 될 수 있는 문호를 개방해야 하고, TV 외화는 당연히 더빙 없이 방송해야 하며, 영어 마을을 설립할 돈으로 지역 외국인들을 위한 영어 방송을 유지해야 한다. 이것이 듣는 영어로 시민들이 영어에 친숙하게 할 수 있는 지름길이다.

2008. 10. 9.

영어로 겪은 에피소드

내가 영어 때문에 겪은 에피소드 몇 가지를 적어본다.

1. 덴마크 오덴세에서 안데르센 생가를 찾을 때 덴마크 사람들한테 안데르센 집이 어디냐고 물어봤더니 전혀 알아듣지 못했는데 '앤더슨스 하우스' 했더니 바로 알아들었다. 안데르센이 영어로는 앤더슨, 덴마크 말로는 안델손인 걸 그때 알았다.

우리는 일본인들이 번역한 소설이나 동화들을 다시 번역하다보니 일본식 영어가 그대로 남은 것이다. 안네 프랑크도 '앤 프랑크' 하니까 제대로 알아들은 것도 동일하다.

2. 1987년 일본 방문 시 일본 사람들한테 영어로 말을 걸면 그냥 도망가는 통에 곤란을 겪었다. 그런데 최근에는 일본에 가서 영어를 해도 도

망가지 않고 도리어 같이 하려는 태도를 보고 일본이 국제화되는구나 하는 느낌을 받았다. 물론 영어 실력이 늘었다고 해서 국제화되었다는 것이 아니라 외국인을 대하는 그들의 사고와 행태가 국제화되고 있다는 점이다. 언어는 의사만 통하면 되는 것이므로 자신을 갖고 외국인을 대한다면 의사소통을 할 수 있다.

3. 각 나라마다 말하는 스타일이나 발음이 제각각이어서 알아들을 수 없는 영어가 많다. 하지만 그럴 때마다 되물으면서 자신 있게 대처해야 상대방이 쉬운 영어로 천천히 얘기한다. 국제회의에서 한국과 일본 대표들 영어 못하는 건 알아준다. 그렇다고 해서 한국과 일본 사람을 무시하지는 못한다. 그것이 국력이다.

제네바의 국제노동기구에서 근무할 때 더듬거리면 '일본인이냐, 한국인이냐' 고 묻는데 한국인이라고 하면 그럴 줄 알았다면서 천천히 얘기한다. 떠듬거리지만 의사소통을 하려는 태도를 이해하고 경청해준다.

4. 1996년 제네바에서 우루과이 라운드 해운서비스협상 대표로 국제협상에 참여한 적이 있다. 당시 경제기획원 국장하고 나하고 둘이서 연단에 앉아 100여 국제무역기구 회원국들의 질문에 답변을 해야 했다. 영어 원어민들이 다섯 가지를 물어보면 두 가지만 알아듣고 답변하면서 식은땀으로 온몸이 범벅되었던 적이 있다. 영어 좀 공부해야겠다는 생각을 절실히 했다.

당시 목격한 것은 미국 때문에 협상 전체가 결렬되었는데도 회원국들이 휴식시간에 복도에서는 미국을 심하게 비난하면서도 정작 회의석상에서는 어느 나라도 미국을 비난하지 않았다. 미국에 밉보여서 좋을 게 없다는 국제사회의 원칙을 철저히 지키는 모습이었다.

5. 2006년 동해해역 해저 지명의 국제기구 등록과 관련하여 일본과 마찰을 빚은 적이 있다. 당시 우리의 가장 큰 고민은 국제해저지명위원회에 일본인 위원은 있는데 한국인 위원은 없어 실제 위원회 논의 시 일본에 유리하게 흐를 수 있다는 것이었다. 그래서 한국인 위원을 진출시키기 위하여 외교부 및 관계 기관과 협조하여 은밀하고 기습적으로 위원 선출 건을 상정했다.

영국 대표가 상정하고 러시아 대표가 찬성 의견을 피력하자 일본 대표가 왜 의제에 없는 걸 상정하냐고 제동을 걸고 나섰다. 영국 대표가 위원 선임은 의제에 없어도 된다고 반박하자 일본 대표가 반박하지 못해 우리도 해저지명위원회 위원을 한 사람 갖게 되었다. 당시 현장에 있던 나는 의제 상정을 예상하지 못한 일본 대표의 당황한 표정을 읽을 수 있었다.

당시 일본 대표가 영어를 알아듣기는 하는 것 같은데 표현이 좀 부족한 모습이었다. 만약 일본 대표가 영어를 제대로 할 줄 아는 사람이었다면 우리는 결코 위원을 진출시킬 수 없었을 것이다. 왜냐하면 위원 선출이라는 의제 제기가 좀 무리했기 때문이다. 그만큼 영어가 중요한 때가 있다.

6. 스웨덴 유학시절 고교 친구가 찾아와서 같이 덴마크의 코펜하겐을 방문했다. 인어공주상 있는 곳을 못 찾아서 친구가 지나가는 덴마크 사람한테 물어보았다. "Would you mind telling me the way how to reach the little mermaid?" 덴마크 사람이 당황해서 어쩔 줄 몰라 했다.

내가 친구에게 영어가 원어민이 아닌 사람한테 그런 고급 영어를 쓰면

1998년 6월 8일 주미 대사관에서 1등서기관으로 근무하고 있을 때 고 김대중 대통령이 미국에 국빈 방문했다. 백악관 앞에서 관계자들과 함께 기념 촬영했다.

안 된다고 하고 간단히 물었다 "Where is little mermaid?" 그랬더니 그 덴마크인이 신난다고 인어공주상 가는 길을 친절히 알려주었다.

　영어가 모국어가 아닌 사람한테서 수식어가 많거나 복잡한 영어로 해서는 안 된다. 어차피 의사소통이 목적이라면 핵심만 전달하면 된다고 본다.

2009. 3. 20.

준비된 사람이 기회를 잡는다

오랜만에 글을 올린다. 그동안 노무현 대통령 서거와 북한 핵실험 등 많은 일이 있었다. 조문하면서 노무현 대통령의 명복을 빌었고 자중하면서 하루하루를 보냈다. 참 바람 잘 날 없는 우리나라라는 느낌도 함께 가지면서.

사람의 인생이라는 것이 어느 한 순간의 선택에 달려 있음을 새삼 떠올린다. 남들에게 정치하지 말라 했던 노 대통령이 송기인 신부를 만나지 않았다면 어떤 인생을 살았을까. 한 개인으로서는 지금보다는 분명히 행복했을 거라고 본다. 우리도 하루하루 선택 속에서 살고 있다. 제발 올바른 선택을 했기를 바라면서.

얼마 전 TV 프로그램 중 '무릎팍 도사'에서 배우 이준기 편을 봤다. 배우가 되겠다는 일념 하나로 상경한 그는 별 볼일 없는 무명생활 중에 '왕의 남자' 대본의 공길 역을 읽어보고 오디션에 승부를 걸었다. 대본에 따라 인물의 성격을 파악하고 인물을 스스로 창조해갔다. 그래서 최종 오디션에서 자신의 아이디어(아랫입 윗입)도 제시하여 이준익 감독의 눈에 띄어 마침내 공길이 되었다. 그때 수천 대 일의 오디션에 합격하지 못했더라면 지금의 이준기는 없다. 연예계에 연줄도 백도 없는 그가 오디션 합격에 인생을 걸고 얼마나 노력했을까. 이해가 된다.

골프 선수 중에 장 방드벨드라는 이름을 기억하는 사람은 별로 없을 것이다. 그는 1999년 브리티시 오픈 연장전의 주인공이다. 나는 당시 마지막 4라운드를 실황 중계로 보았다. 마지막 18홀에서 중계 캐스터는 흥분했다. 프랑스인이 메이저 챔피언에 오른 기억이 없다며 역사적인 날이라고 했다.

세계 골프사에 진짜 역사적인 일이 일어났다. 장 방드벨드는 3타를 앞선 채로 마지막 홀에 섰다. 해설자는 자기라면 아이언을 치겠다고 했다. 더블 보기만 해도 우승은 하니까. 장 방드벨드는 한마디로 '폼 나게' 우승하고 싶었다. 드라이브를 잡았다. 티샷한 공은 스코틀랜드의 악명 높은 덤불 속으로 들어갔다. 첫 번째 탈출에 실패. 두 번째는 공이 물로 들어갔다. 우여곡절 끝에 그는 한 홀에서 3타를 잃고 연장전에서 패했다.

그는 상당히 명랑한 사람이었는데 그 후 PGA에서 거의 사라진 존재가 되었다. 메이저 마지막 홀에서의 심적인 상처가 너무 컸던 탓인지 그 이후 제 기량을 제대로 발휘하지 못하는 것 같다. 그때 그가 아이언을 들었더라면 골프 역사는 달라졌을 텐데.

지금은 우리나라 부자순위 48위인 셀트리온의 최고 경영자 서정진.

1999년 대우자동차 샐러리맨을 그만두고 미국에 건너가 바이오 의약품 생산이라는 신천지에 뛰어들어 5년 만에 세계 3위의 바이오 의약품 생산업체 셀트리온을 키운 그가 대우자동차를 그만두지 않았더라면 지금 어떤 일을 하고 있을까. 지금의 망해가는 GM대우는 그에게 뭘까.

인생의 계기를 제대로 잡은 사람. 인생의 계기가 왔는데도 준비가 되어 있지 못해 기회를 놓친 사람, 인생의 계기에서 선택을 잘못한 사람 등 여러 부류의 사람이 모여서 사회를 형성하고 있다. 경제는 사이클을 타면서 위기와 기회를 제공하고 있고 세계는 엄청난 속도로 변화하여 어제의 정답이 내일의 정답이 될 수 없는 시대에 우리가 살고 있다.

불확실한 미래에 항상 준비하고 있어야 그나마 기회가 왔을 때 잡지 않을까.

2009. 6. 2.

노력은 사람을 배신하지 않는다

지난주 동아시아 축구대회에서 우리나라는 중국에 3대 0으로 졌고 일본에는 3대 1로 이겼다. 중국은 32년 만에 한국에 이겨 공한증을 떨쳐냈다고 흥분했고 일본대표팀의 오카다 감독은 경질 논란에 휩싸이고 있다. 우리는 일본보다 축구 실력이 떨어지는 중국에 완패했으니 반성할 일이다.

나는 지금까지 중국 사람들 만나면 너희들은 그렇게 축구를 좋아하면서 한국한테 한 번도 못 이기느냐고 약을 올리곤 했는데 이제는 그러지도 못하게 되었다. 약 올리지 못하게 되어 아쉽기는 하지만 우리 축구 실력이 중국에 일방적으로 뒤쳐진 것은 아니기 때문에 이번 기회에 교훈을 얻었으면 한다.

업무를 하는 데 있어서든 일에서든 축구든 어떤 운동이든 이름값만 가지고 되지는 않는다는 것이다. 사람마다 기능이 다르고 실력이 달라 적재적소가 있다. 운동에서는 컨디션을 고려하고 필요한 곳에 선수를 배치하는 것이 감독이다. 컨디션이 떨어지는데 이름값 때문에 선수를 출전시키고 자기 포지션이 아닌데다 선수를 배치하면 꼭 그 게임은 실패한다. 야구 국가대표 유격수에 타격 잘하는 선수보다 아무리 타격이 형편없어도 수비 잘하는 선수에게 그 자리를 맡기는 이유다.

이번 중국과의 경기에서 부상에서 회복되지 않았지만 과거의 명성을 가진 곽태휘를 중앙수비수에 기용했고, 중앙수비 전문인 이정수를 사이드 풀백에, 김두현 같은 과거의 영화를 지닌 중앙 미드필더를 양 사이드에 배치했다. 그리고 남아공 전지훈련에도 참가하지 않았고 아직 컨디션이 올라오지 않은 이근호를 최전방에 포진시켰다.

그 결과는 참패로 나타났다. 중국 선수들에게 돌파되어서야 아르헨티나의 메시나 테베스는 어떻게 막을 것이냐는 비아냥도 나왔다. 허정무 감독은 모든 선수를 테스트하기 위해서 어쩔 수 없었다고 했지만 역시 이름값만 듣고 제자리도 아닌 곳에 선수를 배치해서는 손발도 안 맞고 게임을 망칠 수밖에 없다.

일본과의 경기에서는 컨디션 좋은 신예들과 아시아 챔피언스 리그에서 실력을 증명한 포항 스틸러스의 김재성, 신형민을 활용함으로써 좋은 결과를 얻었다. 김재성, 신형민은 신예는 아니지만 K리그에서 증명된 숨겨진 진주다. 축구를 조금 좋아하는 사람은 곽태휘, 김두현, 조원희는 알아도 김재성, 신형민, 김형일, 김보경은 잘 모른다. 그러나 이름값과 과거의 영화가 지금의 실력을 말해주지는 않는다. 실력 위주로 가야 한다. 그것이 8년 전에 히딩크가 했던 방법이다.

이번 주 동계올림픽 스피드 스케이팅에서 그동안 이름을 알고 있었던 이규혁, 이강석이 아닌 21살의 모태범이 금, 은메달을 따고 이승훈이 은메달을 차지했다. 모두가 화려한 경력의 이름 있는 이규혁, 이강석에게만 관심을 쏟을 때 그들은 묵묵히 실력을 닦았다.

그래도 동계올림픽 개막 1주일 전의 스포츠 칼럼을 보니 한두 기자는 감독 코치의 의견을 듣고 올림픽에 일낼 사람은 모태범과 이승훈이라고 이들을 주목해야 한다고 썼다. 치밀하게 분석한 기자에게 경의를 보낸다.

이름이 아니라 실력이 결과를 말해주며 노력은 사람을 배신하지 않는다.

2010. 2. 18.

6장
내게 소중한 것들

결혼식에서

　지난 1월 한 달 동안 결혼식 청첩장이 잠잠하더니 2월 들어서서 매주 청첩장이 쏟아지고 있다. 모든 청첩을 다 찾아다닐 수는 없지만 그래도 가까운 사람 결혼식에 가다보면 주말마다 결혼식장을 찾게 된다. 그런데 결혼식장에 가서 보면 결혼식이 점점 호화로워지고 이벤트 행사장처럼 요란 뻑적지근한 경우를 최근에 들어서 많이 보게 된다. 신랑 신부가 노래하는 것은 물론이고 토크쇼도 하고 신부 아버지 친구들이 노래하는 모습도 보게 되니 세상 많이 변했고 결혼식이 참 재미있어졌다는 느낌도 갖는다.

　하지만 한편으로는 씁쓸한 느낌도 있다. 결혼식 규모가 방대해져버린 것은 그렇다 치더라도 결혼식이 신랑 신부 부모들의 세 과시 현장이 되어버린 것이다. 신랑 신부가 결혼식의 주인공인지 부모들이 주인공인지 애매한 경우가 대부분이다. 그리고 부모의 사회적 위치에 따라 하객이 어느 한쪽으로 몰려버리는 경우를 많이 본다.

이런 상황이 발생하는 것은 서구에서는 결혼식 초청장을 신랑 신부가 직접 보내는 데 비해 우리나라는 부모가 청첩장을 보내기 때문이라고 본다. 서구 선진국에서는 신랑 신부가 각자 자신의 가까운 일가친척과 친구 그리고 이웃 사람들을 초대하여 결혼식 행사를 하는 데 반해 우리는 부모가 사회적 영향력이 미치는 대부분의 사람을 초대하기에 벌어지는 현상이다.

그러다 보니 아버지들은 자신이 현직에서 왕성하게 사회활동을 할 때 자식들이 결혼하기를 바라게 되고 실제로도 퇴직 직전에 자식 결혼을 시키는 경우를 많이 본다. 이렇게 되면 결혼이 개인 대 개인의 결합이 아닌 집안 대 집안의 결합이 되고 부모가 반대하는 결혼이 성사되기 어려운 경우가 발생한다. 둘 사이의 사랑보다는 집안의 배경이 주요 요소가 되어 버리는 것이다.

그리고 둘 사이는 좋은데 집안 어른들 문제 때문에 갈라서기도 한다. 특히 시어머니 될 사람의 개인적 선입관에 따라 결혼이 깨지는 경우도 많다. 즉, 많이 배운 여자 안 되고, 외국 물 먹은 여자 안 되고, 딸 많은 집이라 안 되고, 고등학교밖에 안 나와서 안 되고, 집안이 별로고, 가난한 집 자식이라 안 되고 등등 시어머니의 기준에 맞지 않으면 말썽이 난다. 우리나라 드라마의 갈등 구조도 이러한 집안 간의 결혼 문제로 인한 것이 많다.

내가 경험한 미국이나 스웨덴의 결혼 풍속을 보면 둘이 좋으면 사는 것이고, 둘이 싫으면 헤어지는 식이었다. 결혼식도 가까운 사람들만 초청한 조촐한 경우가 대부분이었다. 그리고 부부간에 아내의 사회적 지위가

한 여자의 남편이 되고 한 남자의 아내가 된다는 것은 가장 성스럽고 아름다운 모습이다. 결혼하던 날 아내의 아름다운 자태에 미소를 감출 수가 없었다.

남편보다 우월한 경우를 많이 보았는데 전혀 이상하게 보이지 않았다.

스웨덴에서 내가 알던 시청의 한 여성 국장이 있었는데 남편이 장거리 트럭 운전사였다. 남편이 트럭 운전을 마칠 때쯤이면 남편의 차고지로 가서 기다리다가 서로 뽀뽀하고 '난리 브루스' 치고 자기 차에 태워 귀가하곤 했다. 라이스 전 미 국무장관의 애인도 미식축구 선수라 했던가. 우린 둘이 좋아도 예를 들어 여자 변호사가 트럭 운전사랑 결혼하기는 힘든 것 같다. 집안의 반대가 있어서 때문이든 또는 사회적 이목 때문이든.

우리가 결혼식 자체는 서구적으로 하는데 그 내용을 보면 아직 유교적인 것이 많이 남아 있다. 남의 이목과 사회적 평판을 중시하기 때문인지 결혼식이 점점 호화로워져 호텔에서 하는 결혼식에 갈 때는 축의금 봉투가 부담되기도 한다. 그리고 결혼이 지금처럼 집안 대 집안의 결합이고 집안 조건을 서로 따진다면 우리 젊은이들의 혼인율이 계속 저하되고 혼자 사는 싱글 여성들이 많아질 것 같다는 걱정이 들기도 한다.

2009. 2. 12.

골프와 테니스

눈이 20cm 이상 오니 호황 업종이 있는가 하면 장사가 되지 않아 눈물 짓는 곳도 많다. 요사이 우리 회사 구내식당뿐만 아니라 대부분의 회사 구내식당이 만원이다. 반면에 주변 식당들은 손님이 줄어 줄 서서 기다리는 이름난 식당도 빈자리가 태반이다. 백화점 매출은 대폭 준 대신 홈쇼핑과 인터넷 상거래 매출이 상당히 늘었단다.

가장 극명하게 엇갈린 곳이 골프장과 스키장이다. 수도권의 대부분의 골프장은 거의 눈 치우기를 포기한 것 같고 스키장은 인공 눈도 필요 없는 자연설이 풍족하니 올 겨울은 그야말로 '대박'이다. 스키는 나이가 들어서 그런지 흥미가 없고 골프는 이번 겨울은 틀렸으니 등산이나 다녀야겠다.

골프와 관련해서는 나에게 재미있는 일화가 있다. 1988년 스코틀랜드

세인트 앤드류스 대학에 필드 트립을 간 적이 있다. 대학 기숙사에 2주간 있었는데 어느 날 아침 일찍 일어나 바닷가 근처로 산책을 갔다. 한참을 걷는데 깨끗한 잔디밭에 구멍이 뚫려 있고 깃발이 꽂혀 있었다. 호기심에 잔디밭에 들어가 깃발을 뽑고 구멍을 들여다보았다. 그랬더니 멀리서 서너 명의 남자가 소리소리를 질러댔다.

의아해서 그들을 쳐다보고는 내 산책을 계속했다. 그때까지 나는 골프를 본 적이 없었다. 그리고 스코틀랜드 골프장이 그린만 제대로 가꾸어져 있었지 페어웨이는 거칠어서 무슨 특별한 곳이라고 느껴지지도 않았다. 나중에 골프를 알고 나서는 그 플레이 하던 친구들이 얼마나 황당했을까 내 스스로 웃음이 나왔다. 아직도 우리나라에서는 골프가 귀족 운동으로 여겨지지만 그래도 많이 대중 스포츠가 되었다. 10년 이내에 서민 스포츠까지 되지 않을까 생각한다.

1970년대 대학시절에는 테니스 치는 친구들을 부르주아라고 생각했다. 1980년대 말 스웨덴 유학시절 내가 테니스를 치니까 중국 유학생이 나에게 "네가 부자거나 네 아버지가 부자일거다"라고 했다. 내가 "한국에서는 라켓만 있으면 할 수 있다"라고 했더니 "중국에서는 특수한 사람만 테니스 한다"라고 한 적이 있다.

이제는 중국에서도 테니스가 부르주아 스포츠가 아니다. 경제가 발전하고 사회가 안정화되면 그 혜택이 골고루 돌아간다. 많은 사람이 스포츠를 즐기고 휴가도 즐기는 선진화된 사회를 기대한다.

2010. 1. 8

미국 비자

지난 토요일 아침 아들 졸업식 참석차 뉴욕에 가기 위해 아내와 인천공항에 갔다. 지난 수일 동안 회사 일도 신경 쓰이고, 지방선거에도 관심을 쏟고, 감기도 걸리고, 흉부통증으로 병원에서 심장검사까지 받느라 뉴욕 가는 준비는 집사람이 했다. 나는 내 것만 준비하면 됐다. 국제 운전면허 바꾸고 렌트카 예약하고. 여권은 여비서가 맡고 있으니 전혀 생각 안하고 있다가 가기 전날 여비서에게 받아서 집에 왔다.

공항 체크인 카운터의 대한항공 직원이 내 여권을 보더니 비자가 없어서 미국을 못 간다고 했다. 내가 미국은 무비자 아니냐고 했더니 그래도 인터넷으로 신청해야 한다며 내 여권이 전자여권이면 바로 신청되는데 전자여권이 아니라 신청도 못 한다면서 미국에 가지 못한다고 했다.

집사람은 옛날 여권에 미국 비자가 있어 아무 문제가 없는데 나는 옛날 여권도 가지고 오지 않았다. 집사람은 황당해서 거의 울상이었다. 집사람은 '당신은 외국도 자주 나가고 미국대사관에도 근무했으면서 그것도 제대로 안했느냐'고 말했다. 여비서에게 여권 맡겨두고 비자는 아무 걱정 안 했으니 다 내 잘못이다.

집사람만 출국 수속해서 먼저 보내고 나는 사무실에 있는 옛날 여권 가지고 와서 오후 비행기로 가기로 했다. 집사람은 걱정을 태산같이 하고 출국을 했다. 사무실로 와 옛 여권을 찾아보니 비자는 있는데 유효기간이 끝나 있었다. 집사람 일반여권의 비자는 유효기간 10년인데 내 옛 관용여권의 미국비자는 유효기간이 5년으로 이미 소용이 없었다. 결국 미국에 가지 못했다.

집사람은 국제 운전면허도 없어 혼자서는 렌트카도 아무 소용없고 전화 로밍도 부랴부랴 해갔으니 보통 문제가 아니었다. 인터넷을 통해 딸과 열심히 이메일을 주고받아 뉴욕 한인택시 회사를 찾아 전화했더니 받지 않았다. 그곳 시각 아침 9시가 넘어서야 전화를 받았다. 한인 기사가 뉴욕공항 입국장에서 아내 이름을 팻말에 적어 기다리기로 했다. 그리고 뉴욕에 있는 고등학교 동창한테는 비상시 도와주라고 부탁을 했다. 얼마 후 집사람이 도착해서 한인 기사를 만나 아들 학교로 잘 타고 가고 있다며 걱정하지 말라는 전화가 왔다.

급한대로 사후문제는 잘 정리되었지만 미국 못 간 것은 참 불찰이다. 집사람이 아들 놈 덜렁대는 게 꼭 나 닮았다고 하는데 이제는 '허당'이라는 소리까지 들어도 할 말 없게 생겼다. 어떤 일이든지 항상 다시 한번 점검하여 정확하게 체크해야 한다. 교훈이다.

2010. 6. 3.

송년회 노래곡

12월에 들어서니 송년회가 많아진다. 송년회 자리에서 노래해야 할 경우가 많은데 그때마다 고민이다. 한 경제연구소에서 보내주는 글을 보면 작년에는 이 노래가 '대박'이었는데 금년에는 저 노래를 부르라며 서너 노래를 추천해주기도 한다. 매년 발표되는 곡들 중에 아이돌 노래만 있는 줄 알았는데 우리 중년들이 부를 만한 노래들도 있다. 나훈아가 꾸준히 노래를 발표하는 것도 대단하다는 생각이 든다.

나는 젊을 때 여수해운항만청에서 근무한 적이 있다. 당시 청장님이 나보다 스무 살 이상 많으셨다. 청장님은 술집에 가서 한잔만 들어가면 마이크 잡고 한 번에 대여섯 곡을 부르셨다. '황성옛터'는 기본이고 '선창'이니, '이별의 부산항구', '목포의 눈물' 등 대부분 해방 이전에 나온 노래를 부르셨고 최신곡이라고 부르신 것이 최희준의 '하숙생'이었다. 내가 마이크를 잡고 송창식 노래를 부르면 그 무슨 알아듣지도 모르는 노래를 부르냐고 역정을 내시기도 했다.

그런데 몇 해 전 젊은 직원들 하고 노래방에 2차 가서 송창식 노래를 불렀더니 나보고 고리타분한 노래만 부르신다고 요즈음 노래 좀 배우시라고 충고하는 직원들이 있었다. 옛날 청장님 생각이 났다. 누군 최신곡 부르기 싫어 안 부르나. 젊은 가수들의 템포나 흐름을 따라갈 수 있나, 따라가도 그게 얼마나 어색한가.

유행가라는 것이 그 시대의 젊은이들이 만들어서 그런지 나이만 들면 따라가기가 어렵다. 나는 역시 '7080' 노래가 좋다. 하지만 최신 노래 중 매년 한두 곡은 배워둬야 회식 자리에서 젊은 직원들한테 인기 좀 끈다. 그리고 배우기 쉽고 할 수 있는 노래가 매년 한두 곡씩은 보인다. 작년에는 '샤방샤방'과 '노바디'를 배웠는데 금년에도 신곡 한 곡을 배워야겠다.

물론 멜로디가 반복되는 노래라야 그나마 배우기가 쉽다.

2009. 12. 6.

월드컵 중계권 단상

어제 우리나라가 남아공 월드컵에서 1승 1무 1패 조 2위로 16강전에 진출했다. 핸드폰 알람 소리에 3시 반에 깨서 집사람과 TV로 봤는데 박주영의 프리킥이 들어갈 때는 아파트 전체가 들썩거렸고 환호성에 놀란 개들도 이집 저집에서 짖어댔다. 아마 대진 운이 좋아서 8강, 4강까지 갈지도 모르겠다. 계속 올라가면 좋을 텐데….

어제 경기에서 한국과 나이지리아의 경기가 열리는 같은 시각에 다른 경기장에서는 아르헨티나와 그리스의 경기가 동시에 열렸다. 혹시 있을지도 모르는 경기 담합을 방지하기 위해 같은 조의 두 게임을 같은 시간대에 한다. 월드컵 단독 중계권을 가진 SBS에서는 공중파로는 한국과 나이지리아 경기를, 케이블 스포츠 채널로는 아르헨티나와 그리스 경기를 중계해주었다. 나는 이와 관련한 에피소드가 있다.

４년 전인 2006년 독일 월드컵 때 해저지명위원회 회의차 독일에 있었다. 브레머하벤이라는 조그만 도시에서 회의가 있었는데 회의 마지막 날인 금요일은 정리하는 정도의 회의이기 때문에 직원들을 한국과 스위스의 경기가 열리는 하노버에 응원가라고 보내고 나 혼자 마무리 회의에 참석했다.

회의를 끝내고 호텔방에서 한국 대 스위스 경기를 보려고 TV를 틀었다. 조그만 호텔이고 시골이라 그런지 공중파 TV만 나왔다. TV에서는 프랑스와 토고의 경기를 중계해주고 한국과 스위스의 경기는 중계해주지 않았다. 깜짝 놀라서 프런트에 물어보니 한 채널에서만 월드컵 중계를 하는데 독일 사람들이 프랑스 경기에 관심이 많아서 공중파에서는 프랑스 경기를 중계하고 같은 시간에 열리는 한국과 스위스 경기는 중계하지 않는다는 것이다. 한국 경기를 볼 방법은 없냐고 물었더니 중심가 스포츠 펍에 가면 볼 수 있을 거라고 알려주었다. 혼비백산해 중심가에 스포츠 펍을 찾아갔다. 스포츠 펍에서는 양 경기를 10분씩 돌아가면서 중계해주어 도무지 경기에 집중 못 하고 우리나라가 스위스에 2대 0으로 지는 것을 보았다.

내가 월드컵이 열리는 독일에 와 있는데 우리나라의 경기를 제대로 보지 못했다는 것이 당시는 어이가 없었다. 하노버에 간 우리 직원들은 한국응원단과 함께 하노버 거리에서 응원하면서 대형 스크린으로 우리 경기를 보았다고 한다.

그때의 경험에서 볼 때 이번에 문제가 된 SBS의 단독 중계 문제는 우리만의 문제는 아닌 것 같다. 내 의견으로는 FIFA나 IOC와의 중계권 확보 과정에서 KBS나 MBC가 SBS를 이길 수가 없다. KBS는 공영방송이라 정부에 예산 및 사업계획을 승인받아야 하니 자체 결정권이 없고 MBC는 민영이라지만 반 공영에 가깝고 거기에다가 노조의 입김이 막강한 '노영 방송'이라 역시 자기 결정능력이 미흡하다.

하지만 SBS는 오너가 존재하는 방송이기 때문에 리스크 테이킹(위험 감수)을 할 수 있다. SBS는 우리나라가 월드컵 예선 과정을 통과해 본선에 나갈 수 없는지도 모르는 불확실한 상황에서 단독중계권 확보에 베팅을 했다. 지금 와서 보면 잘한 일이지만 중계권 협상 시점에서는 오너 있는 회사만이 할 수 있는 리스크 테이킹이었다. 시장에서는 계약관계를 존중할 수밖에 없다. 다시 말해서 SBS의 권리가 우선적으로 존중되어야 한다.

하지만 SBS도 모든 월드컵 경기를 방송하는 관계로 자체 프로그램이 망가지는 어려움을 겪고 있고, 두 경기가 동시에 열릴 때는 한 경기를 공중파로 송출하지 못하는 어려움이 있다.

각 방송 간에 현명한 해결책이 나오거나 정부가 중재해서 다음번에는 모두가 행복한 월드컵이 되었으면 한다.

2010. 6. 25.

'인중·제고인의 밤'에서 얻은 행운

어제 서울역 앞 힐튼호텔에서 '인중·제고인의 밤' 행사가 있었다. 다른 일 때문에 조금 늦게 출발하기도 했지만 교통 혼잡이 지독해서 행사 시작 후 50분 정도 늦게 도착했다. 윤대희 선배가 동문회장인데 힘도 실어드리고 늦더라도 참석해서 선후배들하고 인사 좀 나누고 싶었다.

도착했을 때는 공식행사가 거의 끝나가고 있었다. 반가운 선후배들이 많았다. 그런데 동기들은 몇 명 오지 않았다. 동기회장의 열의에 따라서 매년 참석인원 수에 차이가 나는 것 같다.

저녁을 먹고 여흥 행사가 있었다. 33회인 지상렬이 사회를 보고 밸리 댄서, 팝페라 가수, 마야, 송창식 선배 그리고 이름은 기억나지 않지만 '뱀이다'를 부른 여가수의 무대가 있었다. 흥겹고 나름대로 의미 있게 준비한 행사였다. 선후배들 중에 연예계나 방송계에 진출한 사람이 있는 것이 이럴 때 대단히 유용하다.

행사 중간 중간에 행운권 추첨이 있었다. TV, 오디오, 쌀, 생필품, 홍삼정 등 그저 그런 상품들이 추첨되어 받아갔다. 행사 말미에 심재갑 선배님이 내놓으신 제물포고등학교 초대 교장이신 길영희 선생님의 친필 서예작품에 대한 추첨이 있었다. 작품에 대한 설명이 있었고 나중에 진품명품에 나가면 수천만 원은 호가할 거라는 설명도 곁들였다.

무엇보다 모든 동문들이 길영희 교장선생님의 작품을 소장하고 싶어한다. 설마 그런 행운이 나에게 올까. 심재갑 선배님은 선배님이라기보다 학창시절 우리의 은사이신 선생님이시다. 그리고 나에게는 초등학교 선배님이시기도 하고 지금 내가 회장을 맡고 있는 부평동초등학교 총동문회를 맨 처음 조직하신 분이다.

어, 그런데 심재갑 선배님이 552번을 뽑았다. 지상렬이 552번 하니까 공석모 동기가 소리치며 뛰어나갔다. 어, 내가 552번인데. 내가 뒤늦게 일어섰다. 공석모는 551번이었다. 잘못 알아듣고 나간 것이다.

지상렬 후배가 나를 보자마자 눈을 보니 간이 안 좋으신 것 같다고 술을 많이 드시나 보다고 해서 속이 뜨끔했다. 요즈음 연말이니 회사일 핑계로 월화수목금토일 월화수목금 음주한 티가 나나 보다. 처음 보는 사람이 그 정도 느낄 정도면 내 몸 상태가 안 좋긴 안 좋은지 요즈음 찌뿌드하긴 하다. 이번 달에는 술 좀 줄여야겠다.

심재갑 선생님은 행운권 추첨으로 받은 길영희 교장선생님의 작품 설명서까지 손수 붓으로 적어 내 이름까지 적어서 주셨다. 너무 고마워서 내년부터는 길영희 기념사업회에 가입해야겠다. 그리고 여기에 심재갑 선생님에게 받은 작품의 설명서를 그대로 적어 널리 알린다.

子貢問曰 有一言而 可以終身 行之者乎 子曰恕乎 己所不欲 勿施於人

자공이 여쭈었다.

"한마디의 말로 평생토록 실행할 만한 것이 있습니까."

공자께서 말씀하시기를, "그것은 용서인 것이다.

자기가 원하는 것이 아니면 남에게 베풀지 말아야 하느니라."

2009년 12월 5일

第 十二回 仁中 濟高人의 밤

吉瑛義 校長先生 揮毫

鄭有燮 會長님 貴下

沈載甲 讓澤

2009. 12. 6.

자전거면 충분하다

지난해 정부부처 국장급 인사교류로 건설교통부에서 수송물류심의관과 광역교통기획관으로 근무한 적이 있다. 25년 이상 공무원 생활을 하면서 과천 청사로 출퇴근하기는 그때가 처음이다. 출퇴근을 어떻게 할까 고민하다 별수 없어 승용차로 했다. 양재대로를 이용하면 35분, 양재천 둑길로 가면 30분 정도 걸렸다. 10부제가 있거나 아내가 차를 쓰는 날이면 버스를 이용했는데 집에서 나오는 시간부터 도착 때까지 50분 걸렸다. 그런 식으로 무심하게 출퇴근을 하다 양재IC 근처에서 차가 막히면 꼼짝 못하는 형국이 반복된 적이 많았다.

그러다 어느 초가을 일요일, 운동하는 셈치고 아들과 자전거로 과천 청사까지 간적이 있다. 어허라. 양재천의 자전거도로가 과천 청사까지 연결돼 있는데다 쉬엄쉬엄 갔는데도 한 시간 10분밖에 걸리지 않았다. 그

날로 자전거 가게로 가 성능 좋은 자전거 한 대를 사고 다음날부터 자전거 출퇴근을 시작했다. 첫날은 익숙지 않아서인지 온몸이 욱신거렸다. 하지만 1주일 정도 타니 욱신거리는 것도 없어지고 하루종일 온몸이 가뿐하고 상쾌했다. 7시쯤 일어나 자전거로 출근한 뒤 청사 지하실에서 샤워를 하고, 후생관에서 아침까지 먹고 사무실에 들어와도 8시 반밖에 안 됐다.

아침저녁 출퇴근하면서 양재천 주위를 둘러보니 풀 한 포기 나무 한 그루가 사랑스러웠다. 외로이 있는 고니나 엄마를 쫓아다니는 새끼오리가 모두 구경거리였다. "이렇게 자전거 타고 느릿느릿 가면 세상이 아름답고 여유롭구나." 혼자서 감탄까지 했다. 자전거를 타고 가다 양재천 옆 신호등에 걸려 있는 승용차를 보면 불쌍하다는 생각까지 들었다. 건강은 물론 마음의 여유까지 얻을 수 있는 이 좋은 걸 그동안 왜 몰랐는지 후회가 됐다.

안타깝게도 나의 자전거 출퇴근은 4개월로 끝났다. 해양수산부로 복귀하자 집에서 거리도 멀고, 자전거 전용도로도 없어 불가능했다. 출퇴근은 아니지만 강남 등에서 약속이 있으면 가끔 자전거를 타고 나갔다. 음주 자전거는 잡지 않으니 일석이조다. 하지만 이것도 자전거를 도둑맞아 끝이 났다.

일본 등 선진국에 갔을 때 회사원이나 학생·주부가 유유히 자전거를 타고 다니는 모습은 참 부러운 광경이었다. 스웨덴에서 본 잉그리드 버그만이나 그레타 가르보 비슷한 아가씨들이 금발을 휘날리며 자전거 타는 모습은 환상적이었다. 에너지 위기 시대에 살고 있는 우리나라도 자전거 타기가 활성화되는 모습을 그려 보지만 직접 자전거를 타보니 인프라가 너무 부족하고, 지자체나 공공기관에서도 관심이 거의 없다.

인천에 조성 중인 송도국제도시는 자전거가 주요 교통수단이 될 수 있도록 발상을 전환했으면 좋겠다. 자전거 인프라를 갖춘다면 훨씬 환경친화적이고 선진적인 도시가 될 수 있다. 우리나라에서 가장 편리한 교통시설을 갖춘 도시라는 수식어도 붙을 수 있을 것이다. 다만 일본처럼 자전거등록제도는 꼭 시행해야 한다. 등록되지 않고 번호판 없는 자전거는 절도한 것으로 인정한다면 자전거 도둑은 발붙일 수 없을 것이다.

2006. 12. 26. 경인일보

산삼 같았던 강원도 휴가

지난 9월 1일부터 집사람과 강원도로 휴가를 다녀왔다. 휴가철이 끝나서인지 여행객들이 드물었다. 고속도로의 차도 적었고 휴게소도 한산했다. 사람들이 몰리지 않을 때 휴가를 떠나니 편하고 대우 받고 좋았다.

강원도 평창과 정선으로 떠난 것은 바다를 평생 보아 와 우리나라의 속살을 보고 싶었기 때문이다. 평창의 휘닉스파크에 숙소를 잡고 나인홀 퍼블릭 골프장을 집사람과 둘이서 돌았는데 1시간 25분밖에 걸리지 않았다. 내친 김에 한번을 더 돌았다. 집사람은 남자 캐디한테 가끔 레슨을 받고 양용은 선수 얘기도 하면서.

콘도 내의 스포츠 마사지 실에서 지난 해 배구리그 최우수 선수였던 삼성화재의 안젤코 선수를 보았다. "너 TV에서 배구하는 것 봤다"라고 영어로 말했더니 씩 웃고 마는 게 영어 실력은 신통치 않은 것 같았다. 크로아티아 국적이라 그런가 했다. 주인아저씨가 안젤코를 척 보고 알아본다며 나보고 대단한 스포츠 광인가 보다고 했다. 그러고는 자기가 우리나라 배구 국가대표팀 마사지사라며 여자 국가대표팀과 단체로 찍은 사진을 보여줬다. 안젤코가 비시즌이라 크로아티아 갔다가 미리 와서 이곳에서 몸을 만들고 있다며, 내년에는 일본팀에서 안젤코를 탐내 일본으로 진출할 것이라는 소식까지 전해주었다. 주인아저씨가 소개해준 집에서 닭백숙 한 마리를 집사람과 뚝딱 해치우고 콘도 노래방을 갔다.

그 50개 가까이나 되는 방에 사람이 없었다. 종업원도 없고. 옆의 볼링장에서 졸고 있는 종업원을 데려다 돈을 치르고 집사람과 노래방을 전세냈다. 잘 모르는 노래를 엄청나게 못 불렀는데도 점수는 좋았다.

다음 날 이효석의 고향 봉평으로 갔다. 소설처럼 오일장이 열리고 있었고 이틀 후 시작되는 효석문화재 겸 메밀꽃 축제 준비가 한창이었다. 메밀꽃이 이곳저곳에 만개해서 분위기가 좋았는데 축제 전인데도 나이든 많은 문학소녀들이 효석문학관과 이효석 생가를 돌아보고 있었다. 메밀묵밥과 메밀국수, 메밀전병을 먹으면서 집사람이 아이들과 같이 왔으면 좋았을 걸 하고 말했다. 봉평은 온통 메밀이었다.

오후에 정선읍으로 왔는데 정선도 오일장이 열리고 있었다. 아라리촌을 둘러보고 정선문화회관 3층에서 무료로 열리는 정선아리랑 연극 공연을 보았다. 적은 관객들 앞에서도 정선의 배우들이 열정적이고 감동적인 공연을 보여주었다. 내용은 상투적이지만 정선의 아픔을 보여주기에는 충분했다. 요즈음은 시골 배우라고 무시하면 안 되겠다는 생각이 들었다.

가리왕산 입구에 숙소를 잡고 두부로 저녁을 먹으면서 숲이 주는 고요함과 상쾌함을 만끽했다. 산책 겸 개천변을 따라 한참을 내려가서 슈퍼에서 다음 날 아침에 먹을 컵라면 두 개를 샀다. 읽으려고 가져갔던 《아웃 라이어》를 읽다가 잠이 들었고 상쾌한 아침바람에 잠을 깼다. 가리왕산 휴양림을 걷는데 사회복지사들이 인솔하는 단체를 만났다. 어려운 처지에 있는 사람들의 용기를 북돋아주기 위한 프로그램 같았다. 건강이 좋지 않은 사람들도 휴양림이 주는 혜택을 받으면 자기도 모르게 몸이 좋아질 것 같다.

정선을 드라이브하면서 느낀 것은 우리 자연이 진짜 금수강산이구나, 선진국 어디 못지않구나, 참 멋있구나 하는 것이었다. 화암 8경을 구경하면서 일제 강점기 금광이었던 화암동굴을 둘러보았다. 금을 채굴하던 시대의 비참한 모습과 함께 금광 개발 도중 발견한 종유석 동굴의 화려함은 몰랐던 사실을 발견한 감동을 주었다. 화암약수에서 철분이 가득한 약수를 한 통 차에 실었다. 두고두고 먹으려고.

민둥산에 올랐다. 오르는 길에 본 고랭지 배추는 쩍 벌어져서 누가 빨리 사가지 않으면 어쩌나 하는 걱정까지 들게 했다. 등산객이 너무 없어 꿩이 바로 옆에서 날아오르기도 했고 곳곳의 동물 배설물이 묘한 불안감을 느끼게도 했다. 민둥산 정상부의 갈대밭은 10월 축제기간에 절정이라는데 9월에도 괜찮았다. 우리 부부 이외에 혼자 올라온 젊은이가 있어 민둥산 정상 기념사진을 찍을 수 있었다. 그 널찍한 정상부에 우리뿐이라니. 민둥산 정상에서 둘러본 사방은 온통 산이었다. 아름답고 힘 있는 강원도의 산.

강원도에서 산 메밀, 감자, 옥수수와 함께 재충전의 생기도 차에 싣고 아내와의 사랑도 재확인하며 집으로 돌아왔다.

2009. 9. 7.

나의 훈련소 시절

2009년 2월호 월간 조선 권말 부록에 명사들의 훈련소 시절이라는 내용이 있어 훑어보니 대학 동기인 엄상익 변호사가 쓴 글이 있었다. 그 글을 읽으면서 내 군대시절이 하나하나 떠올랐다. 나도 대한민국 남자로 군대를 다녀왔고 훈련소 시절도 있었으니 잊어버리기 전에 훈련소 시절의 이야기를 글로 남겨두고 싶다.

나는 1978년 12월 제22회 행정고시 3차 면접시험을 본 다음다음날 육군 보병 제37 사단 신병교육대에 입소했다. 그러니까 행정고시 최종 합격자 발표는 보지도 못하고 군에 입대한 셈이다. 당시 총무처 고시과 계장이 군을 연기하고 장교로 가라고 했지만 대학 졸업 후 계속 연기하던 군대 문제로 스트레스를 많이 받았던 터여서 영장 나온 김에 군에 입대하기로 했다.

당시 군복무 기간은 33개월이었는데 6개월 교련 혜택을 받으면 군복무 기간이 2년 3개월밖에 되지 않는다는 점도 매력적이었다. 하지만 공무원 임용을 하고 가면 군복무 기간이 모두 사무관 경력에 포함되는데 공무원 임용을 받지 않고 군대를 갔으므로 나의 결정은 내 공무원 생활을 동기들보다 뒤쳐지게 하는 어리석은 것이었다.

나는 군대를 제대하고서 사무관에 임용되었기 때문에 군 경력이 공무원 경력에 포함되지 못했고 동기들 얼굴도 거의 몰랐다. 지금까지도 나와 공무원에 같이 임용된 행정고시 24회들을 가장 많이 알고 있고 동기로 여기고 있다.

충북 증평읍의 조그만 이발소에서 머리를 삭발하고 아침 8시 조교들의 호각소리에 맞춰 사단 본부로 거의 끌려들어가다시피 뛰어갔다. 나는 160명 신병 중에서 나이가 두 번째로 많았다. 대부분 나보다 3살 정도는 어린 친구들이 동기생들이었다.

추위 속에서 아침부터 저녁까지 이어지는 훈련은 참 힘들었다. 따뜻한 햇볕을 느낄 수 있는 양지가 그렇게 좋을 수 없었고 휴식 시간에 피우는 담배가 그렇게 맛있을 수가 없었다. 나는 37사단에서 4주간 신병교육을 받고 다시 전방의 3사단에서 8주의 보충교육을 받고는 제대할 때까지 줄곧 3사단에서 근무했는데도 오늘날 3사단가는 거의 기억하지 못하지만 37사단가는 아직도 생생하게 기억하고 있다. "두태산 솟은 봉은 우리의 기상이요 보광천 흐르는 물은 우리의 정기다…."

군대에서 나이가 무슨 상관이리오마는 어떻게 된 것이 나를 만난 동기들은 거의 모두 호적이 2년 내지 3년씩 잘못되었다고 주장했다. 다만 그

훈련이 세기로 유명한 백골사단에서 병장 만기로 복무하고 제대하던 날.

등학교 2~3년 후배 3명을 만났는데 그들과 서로 의지가 되었다.

훈련 기간 중 우리는 너무 배가 고팠고 추웠다. 입영일에 못에 긁혀 찢어진 손등은 훈련기간 내내 굳었다가 터졌다를 반복하면서 나를 괴롭혔다. 점호시간 중 감기 들린 사람 손들라고 해서 손든 훈련병들은 어둠 속에서 눈밭 위를 굴러야 했고, 취사반에서 밥과 국 그리고 반찬을 타서 내무반으로 가져오다가 반찬 하나를 집어먹다 걸린 배급 당번은 소대장에게 죽도로 얻어터져야 했다. 그때 맞은 그를 위해 나서지 못한 나의 비겁함은 지금도 나를 부끄럽게 한다. 밤에 불침번을 서는데 고참 기간병이 준 먹다 남은 라면은 천상의 음식처럼 맛있었다. 대학 시절 심수봉과 노래 활동을 같이 했다는 고등학교 2년 후배 이석규는 노래 잘한다는 죄로 쉬는 시간마다 수시로 불려나가 노래를 불러야 했다.

　나는 내무반 옆자리의 김 모라는 미술학도와 단짝이었다. 그는 글도 잘 쓰고 미술도 잘 그려 대대 교본 차트를 만드는 데 자주 차출되어갔다. 요령이 생기자 그는 보조 요원이 한 명 필요하다며 나를 데리고 교본을 만드는 곳으로 갔다. 그곳은 작은 창고였지만 참 따듯했고 먹을 것도 있었다. 김 모는 나와 3사단으로 같이 갔는데 전방에서 GPO 근무 중 총기사고로 부상을 당한 뒤 6개월 후 나를 다시 만나게 되었다. 그는 자기 다리에 총을 쏴 근무기피 목적 상해로 송치되었고 나는 사단 군법회의 검찰부 사병으로 근무하고 있었다. 당시 강보현 검찰관은 많은 고민을 했다. 검찰관은 김 모에 대해 기소유예 처분하고 후방으로 후송조치하면서 나에게 이런 말을 했다. "저 친구는 이제 평생 뛸 수 없는 불구가 되었다. 그것으로 벌은 충분히 받은 셈이다. 남한산성까지 보낼 수는 없다." 강 검찰관은 그 후에 전방 연대장으로부터 군복무를 기피한 사병을 처벌하지 않았다고 강력한 항의를 받았지만 자신의 양심과 법률에 따라 결정했다고 물러서지 않았다.

　그해 훈련소의 겨울은 무척이나 추웠으나 눈이 적어서 그랬는지 물을 보기 힘들었다. 훈련기간 중 목욕은 딱 두 번 한 것 같다. 그것도 탕에 들어간 것이 아니라 뿌리는 목욕으로 보광천 얼음장을 깨고 수료 전날 빨래하면서 겸하여 목욕탕에서 목욕을 했다. 수료식에서 부모님들과 단체로 면회를 해야 하기 때문에 청소도 열심히 했다.

　부모님과 면회하고 수료식을 마친 후 밤늦게 우리는 증평역에서 기차를 탔다. 용산역에서 내려 용사의 집에서 잠깐 쉬었고 의정부 103 보충대로 가는 전철을 타기 위해 플랫폼으로 행진해 가다가 역에 나와 밤새 나를 보려고 기다리던 어머니와 누님을 보았다. 어머니는 나를 보지 못했지만 나는 보았다. 주위 동료들이 내 이름을 연호해 어머님이 나를 알아보았고 전철까지 따라와 손을 흔들어주었다. 전철 안에서 우리는 모두 눈물을 떨구며 울었다. 내가 주위 동기들에게 왜 우느냐고 했더니 자기 어머니 생각이 나서 운다고 했다.

우리가 의정부 보충대에 있는 동안 지프차와 트럭이 와서 계속 병사를 실어갔다. 그런데 나를 포함한 80명에게는 관광버스가 왔다. 특별대우였지만 기분이 찜찜했다. 처음에는 막연히 서울에서 멀리 가는가보다 하고 생각했다. 얼마나 피곤했는지 버스에서 쿨쿨 잠에 떨어졌는데 갑자기 우는 소리가 들렸다. 뒷좌석의 한 친구가 엉엉 울고 있었다. 옆의 친구에게 재 왜 우냐고 물었더니 "38선 표지를 아까 지났는데도 계속 북으로 올라가서 운다"라고 답해주었다. 우리는 3군 사령부 예하 가장 먼 곳에 있는 3사단 보충대에 도착했는데 하얀 백골의 사단마크가 우리를 주눅 들게 했다. 상병 계급장을 단 보충대 위병이 차에 타더니 다음과 같이 환영해준 것으로 기억한다.

"여러분 백골사단에 온 것을 환영한다. 여러분 앞쪽에 보이는 저 철책이 남북 간의 휴전선 철책이다. 잘 보아두라. 내 동기가 40명이 왔다. 그런데 10명이 죽고 지금까지 30명이 살아남았다. 여러분도 죽지 말고 살아남기 바란다. 백-골."

2009. 2. 1.

수 시아 홍의 추억

얼마 전 영국에서 비극적인 소식이 들려왔다. 친구 민경래의 아내 수 시아 홍이 췌장암으로 세상을 떠났다는 것이다. 막내 딸아이가 아마 초등학교 3학년일 텐데. 수는 떠났지만 그녀와의 짧았던 기억만은 기록으로 남겨두고 싶다.

내가 1987년 스웨덴 유학을 가서 수를 만난 것은 한 달 남짓 정도. 그녀와 경래는 졸업을 앞두고 있었고 나는 어학코스를 다니고 있었다. 아주 똑똑한 중국 여학생이고 민경래하고 가까운 친구구나 하는 정도였지 연인인 줄은 몰랐다. 그리고 당시만 해도 한국 공무원 유학생이 중국 공무원 출신 여학생과 사귄다는 걸 상상할 수가 없었으니까. 그들이 졸업하고 각자의 나라로 돌아간 뒤 나는 유학 생활을 즐겁게 하고 있었고 1년 반 후에 천안문 사태가 있었다. 그리고 얼마 후 유럽에 출장 나온 수는 귀국하지 않고 경래를 찾아 한국으로 가려고 했다. 그런데 우리 정부가 비자를 내주지 않아 경래가 스웨덴으로 날아 왔다. 둘은 코펜하겐 시청에서 혼인을 했고 나는 증인이 되었다. 결혼을 했으니 비자가 나왔고 둘은 한국으로 갔다.

유학을 마치고 와서 경래 부부와 인천에 회 먹으러 온 기억이 난다. 수는 당시는 4차선이었던 경인고속도로에 감탄했는데 지금 생각하면 격세지감이 든다. 당시 경인고속도로 옆의 울창했던 가로수들이 기억에 생생한데 지금은 확장공사로 다 없어져 그때의 운치를 찾을 수가 없다.

경래가 런던에 본부를 둔 국제해사기구에 취직한 후 영국으로 이사를 했고 나는 영국 갈 때마다 그 집에서 신세를 졌다. 부인이 중국인이면 식생활은 좀 불편하겠다는 생각을 하면서. 언제나 다정하게 대해주던 두 부부의 얼굴이 눈에 선하다. 제네바 근무시절 집사람하고 여섯 살짜리 아들과 그 집을 방문했는데 그 집 큰아들은 우리 아들과 동갑이었다. 아들 놈이 영국 사는 아이한테 "Can you speak English?"라고 묻고 "Yes, I can" 하니까 "아빠, 얘네들 영어할 줄 안데" 하며 신기해하던 기억이 난다.

2007년 여름 영국에 갔다가 그 집을 다시 방문한 적이 있다. 아들 둘은 고등학생이었고 늦둥이 딸이 1학년이었는데 공 차는 걸 좋아해서 나와 한참을 놀았다. 그리고 바비큐 파티 하면서 한가로운 시간을 가졌다. 경래는 국제기구의 고위직으로 올라가 있었고 수는 재택하면서 중국계 해운회사를 상대로 선박중개를 해서 생활은 여유로웠고 영국판 다문화 가정이 되어 있었다.

이제 행복을 즐기기만 하면 되는데. 하늘은 또 하나의 의미 있는 인생을 거두어 갔다. 수 시아 홍의 명복을 빈다.

2009. 6. 24.

부평동초 동문체육대회 인사말

동문 여러분 안녕하십니까.

총동문회장을 맡고 있는 27회 정유섭입니다.

청명하고 곡식이 무르익는 가을의 길목에 동문체육대회에 참석하기 위해 모교 운동장을 찾아주신 모든 동문 여러분에게 감사와 환영의 인사를 전합니다. 특히 항상 저희들의 등대 역할을 해주신 원로 선배님들과 산하단체장님들에게 고마움을 표하며 참석해주신 정치권 관계인사와 지역 유지 분들에게도 감사하다는 말씀을 드립니다.

동문체육대회는 1년에 한 번 열립니다. 그리고 가장 많은 동문이 참여합니다. 우리 부평동초등학교가 이곳 부평구에서 가장 역사가 깊은 학교임에도 이제는 주변 여건 변화로 인하여 가장 낙후한 학교의 하나로 인식되고 있어 우리 동문들을 가슴 아프게 하고 있습니다. 교장선생님과 많은 동문 선배들 덕분에 옆에 지어지고 있는 실내체육관처럼 시설은 개선

되고 있으나 재학생들의 어려운 형편은 지속되고 있습니다. 그래서 이렇게 모인 기회에 학교 현실을 직접 보고 후배들을 어떻게 하면 도와줄 수 있는가 논의할 수 있는 기회를 갖게 되기를 기대합니다.

오늘 체육대회는 32회 동문들의 주관하에 다양한 게임과 즐길 거리를 준비했습니다. 짧은 하루에 불과하지만 선후배의 정을 나누고 오랜 친구와 우의를 나눌 수 있는 시간으로 충분합니다. 오늘을 우리 모두 사랑과 행복을 나누는 하루로 만듭시다. 그리고 이를 바탕으로 지역 사회에 책임을 다하는 동문으로 성장해 나갑시다.

대도시에서 초등학교 동창회가 유지되기가 어렵지만 우리 부평은 고향을 떠나지 않은 토박이가 많은 탓인지 도시 지역 같지 않은 애향심을 가진 분들이 많고 각 동창회도 잘 운영되고 있습니다. 앞으로 우리 총동문회는 동창들의 가교 역할을 충실히 수행해 나가겠습니다. 그리하여 우리 동창 모두가 고향의 따뜻함을 모교에서 느끼도록 하겠습니다.

끝으로 동문 여러분 모두 오늘 하루 행복하고 즐거운 시간을 갖기를 바라고 환절기에 건강도 유의하시기 바랍니다. 감사합니다.

2009. 10. 11.

부평동초 동문회장 취임사

동문 여러분 안녕하십니까.

동문 여러분들의 성원으로 제12대 부평동초등학교 총동문회장을 맡게 된 제27회 졸업생 정유섭입니다. 취임 인사말을 하기에 앞서 연초 바쁜 시기임에도 불구하고 이렇게 많이 참석해주신 여러 내빈과 선후배 동문 여러분께 감사하다는 말씀을 드립니다. 특히 1950년대부터 우리 동문회를 이끌어오신 단상에 계신 역대 동문회장님들에게 심심한 감사를 드립니다. 그리고 어려운 여건에서도 부평동초등학교를 훌륭하게 운영하고 계시는 송완석 교장선생님, 정말 고맙다는 말씀을 드립니다. 무엇보다도 직전 회장이신 25회 문창구 선배님에게는 지난 일 년 동안의 헌신적인 봉사에 위로와 고마움을 표하고자 합니다. 여러분, 퇴임하시는 문창구 선배님에게 열렬한 박수를 보내주시기 바랍니다.

저는 오늘 총동문회장이라는 중책을 맡으면서 영광과 함께 무거운 책임감을 느낍니다. 부족한 제가 이 자리에서 제대로 역할을 할 수 있을지 두려움도 느낍니다. 앞으로 제가 부끄럽지 않게 동창회 발전에 기여하려면 저를 지지한 제27회 동창 친구들뿐만 아니라 동문 여러분의 전폭적인 지원이 필요합니다. 그리고 선배님들 후배님들의 헌신적인 참여를 기대합니다. 저를 포함한 집행부는 동문 여러분이 동창회에 적극적으로 참여하도록 계속적으로 연락하고 귀찮게 할 것입니다. 그리하여 동문 여러분 모두의 지혜를 빌려 동문회에 봉사하도록 하겠습니다.

저는 그동안 공직생활을 하면서 해외, 지방 그리고 서울 등 여러 곳에서 근무를 했습니다. 인천에서도 4번 근무를 하였습니다마는 인천과 부평은 행정구역만 같지 사실상 별개의 생활권이기 때문에 부평에서 근무할 기회는 없었습니다. 하지만 마음만은 항상 가까운 선후배와 친동생들이 살고 있고 부모님이 살아생전 지내셨던 부평에 있었습니다. 저는 그동안 부평을 지켜오시고 부평 사람들을 위해 지역에서 헌신과 봉사를 하신 많은 동문들에게 감명을 받았고 느낀 점이 많습니다. 부평 사람들을 위해 자신을 희생하고 어려운 사람도 돕는 그 활동에 뒤늦게나마 동참하고자 합니다. 저는 동문 여러분들과 직접 접촉하고 전화하고 도움을 요청하겠습니다. 동문회가 잘되고 부평동초등학교가 발전할 수 있도록 다 같이 참여하기를 기대합니다.

지금의 부평은 우리가 어린 시절 뛰어놀았던 산하가 아니고 청년 시절 어울렸던 장소가 아닙니다. 비록 급격한 도시화로 예전의 추억어린 곳들은 다 변했지만 이곳에서 학교를 졸업한 사람들은 남아 부평의 옛날을 애기하고 미래를 끌고 나간다는 점은 다른 도시에서는 볼 수 없는 아름다운 현상입니다. 이 세상의 어떤 조직에나 마찰이 있고 암투가 있습니다. 그러나 동창회만큼 사심 없이 어울릴 수 있는 조직은 없습니다. 우리 모두 마음을 열고 서로를 도우면서 미래를 향해 나아갑시다.

제가 회장이 되었다고 갑자기 새로운 사업을 벌일 수는 없습니다. 그러나 부평동초등학교에 도움이 되고 부평에 도움이 되는 일이라면 제 모든 역량을 쏟아 붓겠습니다. 이제는 부평에서 가장 낙후된 지역으로 되어버린 부평동 후배 아이들이 좋은 여건에서 훌륭한 사람으로 성장할 수 있도록 선배들이 도움을 주는 풍토를 만들고 싶습니다. 그런 의미에서 장학회 설립을 추진하신 문창구 직전 회장께 다시 한번 감사 말씀을 드리며 앞으로도 장학회 사업에 계속 관심을 기울여주시기를 부탁합니다.

그리고 부평동 출신들의 동호회인 산악회, 부국회, 여성회, 풍물단, 동사모 등이 활성화되어 동문 간에 친목도 도모하고 지역 사회에 기여할 수 있도록 총동문회에서 관심을 갖도록 하겠습니다. 우리 동문은 2만 6천 명에 달하고 그 대부분이 내 고장 부평을 지키고 있습니다. 따라서 우리 하나 하나가 부평에 대한 열정을 가지고 동문들 간에 서로 돕고 부평에서 제 역할을 할 수 있도록 총동문회가 여러분의 형제가 되어 고락을 함께 하겠습니다.

동문 여러분!

요즈음 경제가 어렵습니다. 특히 GM대우가 소재한 부평은 경기의 영향을 직접적으로 받기 때문에 우리 동문 모두가 정도의 차이는 있지만 경

부평동국민학교(현 부평동초등학교)에 입학했던 1961년 당시 1학년 2반 급우들과 찍은 기념사진.
내가 어디에 있는지 나조차 찾기 힘들어졌다.

제적 고통을 겪고 있을 것입니다. 금년도 여러 여건이 만만치는 않겠지만 희망을 잃지 말고 열심히 노력하고 서로를 격려하고 도우면서 어려운 시대를 이겨냅시다. 기축년 새해 소처럼 묵묵히 일하면서 이겨냅시다. 동문 여러분 모두의 행운을 빕니다. 감사합니다.

2009. 2. 20.

글로벌 인천,
글로벌 코리아

2012년 1월 4일 ㅣ 초판 1쇄 인쇄
2012년 1월 9일 ㅣ 초판 1쇄 발행

지은이 ㅣ 정유섭
펴낸이 ㅣ 김영호
펴낸곳 ㅣ 도서출판 아이워크북
등록 ㅣ 제 313-2004-000186호
주소 ㅣ 서울특별시 마포구 망원2동 472-11 2층
전화 ㅣ 02)335-2630
전송 ㅣ 02)335-2640

Copyright ⓒ 2012, 정유섭

ISBN 978-89-91581-29-6 03200